러시아어
TORFL
필수어휘
1500

뿌쉬낀하우스 러시아어교육연구회

국내 러시아어 교육의 전문화를 위해 2008년 '러시아어 교수법 연구회'로 발족되어 정기적인 교수법 세미나와 강사 교육, 러시아어 전문 교육 프로그램 및 교재 개발 등에 힘쓰고 있다.

초판 발행 2022년 04월 01일
초판 2쇄 2025년 07월 18일

엮은이 뿌쉬낀하우스 러시아어교육연구회
펴낸이 김선명

펴낸곳 뿌쉬낀하우스
책임편집 엄올가
편집 송사랑, 김율리아
디자인 김율하
녹음 김율리아
주소 서울특별시 중구 퇴계로20나길 10, 신화빌딩 202
전화 02)2237-9387
팩스 02)2238-9388
이메일 book@pushkinhouse.co.kr
홈페이지 www.pushkinhouse.co.kr
출판등록 2004년 3월 1일 제 2004-0004호

ISBN 979-11-7036-065-0 13790

© Pushkin House, 2022

이 책의 저작권은 뿌쉬낀하우스에 있습니다.
저작권법에 의해 한국 내에서 보호를 받는 저작물이므로 무단 전재와 무단 복제를 금합니다.

※잘못된 책은 바꿔 드립니다.

러시아어 토르플 기본단계 완전정복

토르플
기본단계
대비

ToRFL 필수어휘 1500

뿌쉬낀하우스 러시아어교육연구회

뿌쉬낀하우스

명사 – 명
남성 명사 – 남
여성 명사 – 여
중성 명사 – 중
단수 – 단
복수 – 복
단수만 사용하는 단어 – 단수만
복수만 사용하는 단어 – 복수만
불변 명사 – 불변
복수 생격 – 복생
불완료상만 – HCB만
완료상만 – CB만
불완료상 – HCB
완료상 – CB

형용사 – 형
형용사의 단어미형 – 형단
부사 – 부
전치사 – 전
생격 지배 – кого(2), чего(2),
  откуда(2)
여격 지배 – кому(3), чему(3)
대격 지배 – кого(4), что(4),
  куда(4)
조격 지배 – кем(5), чем(5)
전치격 지배 – ком(6), чём(6),
  где(6)
동사원형 – инф

어휘부터 준비하자!

토르플 시험에 있어 어휘를 기본으로 하지 않는 영역은 없습니다. 이 책은 토르플 기본단계 필수어휘(Лексический минимум)의 테마를 기초로 하여 토르플 시험을 준비할 때 반드시 암기해야 할 어휘 1500개에 일상생활에 필요한 건강, 주거, 의복 등에 관련된 표현을 더했습니다.

뒤집어서 외우자!

단어를 암기할 때는 예문과 함께 외우는 것이 효과적입니다. 그런데 단어 옆에 예문이 같이 있으면 그냥 스쳐 지나가기 쉽습니다. 이제 한글 예문을 보고 직접 러시아어 문장을 만들어 보세요. 눈이 아니라 머리로 예문을 외울 수 있습니다.

테마별로 익히자!

기초/기본 단계의 어휘력을 향상시키고 일상생활 또는 시험에 필요한 테마를 선택해서 집중적으로 학습할 수 있도록 단어장을 테마별로 구성하였습니다. 테마에 따라 주로 쓰이는 명사, 형용사, 동사, 관용어 등이 같이 수록되어 있어 다양한 문장을 만들어 보면서 학습 효과를 높일 수 있습니다.

이 책의 구성과 특징

1. 예문을 보면서 러시아어로 문장을 만들어 보고 다음 페이지에서 확인해 보세요. 표제어와 예문을 다른 페이지로 분리하여 효과적으로 회화와 작문을 연습할 수 있습니다.

| фильм | 영화 | 내 남동생은 공포영화를 좋아한다. | Моему брату нравятся **фильмы** ужасов. |

2. 예문에 쓰인 표제어를 강조해 문장에서 어떻게 쓰이는지를 볼 수 있습니다.

> Давай **купим** новый холодильник, наш уже плохо работает.

3. 헷갈리기 쉬운 명사의 성, 수, 격 변화형 등을 추가로 제시했습니다.

брю́ки 복수만

реме́нь 남

4. 동사는 각 상의 형태를 기재하고 상을 구분할 수 있도록 **НСВ** 또는 **СВ**로 표기하였고, 한 가지 상으로만 쓰이는 동사는 НСВ만, СВ만으로 표기하였습니다.

находи́ться
НСВ만

располага́ться
НСВ
расположи́ться
СВ

5. 동사가 지배하는 격과 전치사 그리고 주요 표현을 함께 수록했습니다.

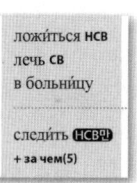

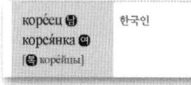

6. 직업이나 국적을 나타내는 경우 남성과 여성의 형태를 모두 기재했습니다.

7. 여러 테마에 중복되는 단어는 각 테마의 문맥에 맞는 해석을 기재했습니다.

8. 예절 파트에서는 기본적인 인사 표현뿐만 아니라 초대, 축하, 부탁 등 다양한 표현을 수록했습니다.

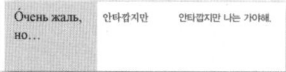

〉〉〉 차례 〈〈〈

일러두기	004
머리말	005
이 책의 구성과 특징	006

인간과 생명

인생, 나이	014
신체, 외모	020
건강	028
질병과 의학	036
음식, 식품	046

인간과 생활

시간	070
공간	086
주거	096
가구 및 인테리어	108
가전제품	114

의복, 신발, 악세서리	122
화장품, 위생용품	140

인간과 사회
성격, 감정, 상대방의 평가	152
국가, 거주지, 국적, 언어	170
가족, 친척, 친구	186

인간의 활동 분야
직업, 사회적 위치	202
교육, 학문	224
미술, 건축	248
문학, 연극과 영화	256
음악	266
스포츠	272
휴식, 명절	286
여행, 관광	296

차례

도시생활, 교통, 소통
교통	304
거주지, 근무지, 기관	314
소통, SNS	326
서류, 인쇄물	338
예절	342

자연, 지리
우주와 지구	352
대륙과 국가	356
날씨와 기후	362
동물과 식물	368

대상의 특징
질문하기	374
색상	378
특성, 성질	382
평가와 가능성	386

크기와 모양	390
수량과 가격	392

부록 397
  수사
  단위
  단어와 표현 (알파벳 순)

Человек и жизнь

인간과 생명

Фа́зы жи́зни, во́зраст
인생, 나이

Ча́сти те́ла, вне́шность
신체, 외모

Здоро́вье
건강

Боле́зни и медици́на
질병과 의학

Пита́ние, проду́кты
음식, 식품

Фа́зы жи́зни, во́зраст 인생, 나이

челове́к [복 лю́ди]	사람	그는 매우 친절한 사람이다.
жизнь 여	인생	그녀는 즐거운 삶을 살았다.
де́тство 단수만	어린 시절	나는 시골에서 어린 시절을 보냈다.
ю́ность 여 단수만	청소년기	남자는 자신의 청소년기에 대해 말했다.
мо́лодость 여 단수만	청춘	청춘 – 얼마나 아름다운 시간인가!
сре́дний во́зраст	중년	모임에는 중년의 사람들이 있었다.
ста́рость 여	노년	모든 이들은 노년까지 살기를 원한다.
смерть 여	죽음	인간의 죽음은 매우 끔찍한 일이다.
рожде́ние	출생	그들은 아이의 탄생을 기다린다.
да́та рожде́ния	생년월일	당신의 생년월일을 말해주세요.
день рожде́ния 남	생일	생일 축하해!
день 남	1일, 낮	오늘이 무슨 요일입니까?

Он очень добрый **человек**.

У неё была интересная **жизнь**.

Я провёл **детство** в деревне.

Мужчина рассказывал о своей **юности**.

Молодость — прекрасное время!

На собрании были люди **среднего возраста**.

Все хотят дожить до **старости**.

Смерть человека — это очень ужасно.

Они ждут **рождения** ребёнка.

Назовите **дату** вашего **рождения**.

Поздравляю тебя с **днём рождения**!

Какой сегодня **день**?

ме́сяц	월, 달	이번 달에 내 생일이 있다.
год [복생 лет]	연, 해, 살(나이)	당신은 몇 년도에 태어났습니까?
ребёнок [복 де́ти]	아이	나는 아이가 있는데, 내 동생은 아직 아이가 없다.
ма́льчик	소년	우리 반은 남자애들이 많다.
де́вочка	소녀	이 소녀는 학교에 가고 있다.
де́вушка	처녀	나는 미모의 여성을 알고 있다.
ю́ноша 남	청년	이 젊은이는 나이 든 사람을 돕는다.
молодо́й челове́к	청년, 젊은이	공원에는 스무 살 정도의 청년이 앉아있었다.
молодёжь 여	젊은 사람들	영화관 근처에 젊은 사람들이 모였다.
же́нщина	여자	3월 8일에는 여성들에게 꽃을 선물한다.
мужчи́на 남	남자	남자들은 축구 보는 것을 좋아한다.
рожда́ться НСВ роди́ться СВ	태어나다	여동생이 아이를 낳았다.
расти́ НСВ вы́расти СВ	자라다	나는 러시아에서 태어나고 자랐다.

В этом **месяце** у меня день рождения.

В каком **году** вы родились?

У меня есть **ребёнок**, а у младшей сестры пока нет детей.

У нас в классе много **мальчиков**.

Эта **девочка** ходит в школу.

Я познакомился с красивой **девушкой**.

Этот **юноша** помогает пожилым людям.

В парке сидел **молодой человек** лет двадцати.

Возле кинотеатра собралась **молодёжь**.

На 8 марта **женщинам** дарят цветы.

Мужчины любят смотреть футбол.

У сестры **родился** ребёнок.

Я родился и **вырос** в России.

жить **НСВ만**	살다	아이들은 부모님과 같이 산다.
умира́ть **НСВ** умере́ть **СВ**	죽다	누구도 죽기를 원하지 않는다.
де́тский	아이의, 어린이의	어린이들은 유치원에 가는 걸 좋아하지 않는다.
молодо́й	젊은	내가 젊었을 때, 나는 정말 많이 놀았다.
молодёжный	청년의,	이 젊은이는 청춘 클럽 "스파르탁"의 젊은이의 연주자이다.
мла́дший	(나이가) 아래인	내 남동생은 10살이다.
ста́рший	(나이가) 위인	사샤는 아이들 중에 나이가 제일 많다.
ста́рый	늙은, 오래된	노인들은 도움이 필요하다.
пожило́й	고령의	유럽에는 많은 노인들이 산다.

Дети **живут** с родителями.

Никто не хочет **умирать**.

Дети не любят ходить в **детский** сад.

Когда я был **молодым**, я много гулял.

Этот юноша игрок **молодёжного** клуба «Спартак».

Моему **младшему** брату десять лет.

Саша самый **старший** среди детей.

Старые люди нуждаются в помощи.

В Европе живёт много **пожилых** людей.

Части тела, внешность 신체, 외모

голова́	머리	타조들이 머리를 모래에 파묻고 있다.
лицо́ [복 ли́ца]	얼굴	이 여성은 아름다운 얼굴을 가지고 있다.
лоб [복 лбы]	이마	엄마는 아이의 이마에 키스했다.
глаз [복 глаза́]	눈	소녀는 무서워서 손으로 눈을 가렸다.
бровь 여	눈썹	마샤는 놀라서 눈썹을 치켜올렸다.
ресни́ца	속눈썹	그녀는 긴 속눈썹이 있는 아름다운 눈을 가졌다.
нос	코	감기에 걸렸을 때, 코로 숨을 쉴 수 없다.
ноздря́ [복 но́здри]	콧구멍	우리 고양이는 코는 크지만 콧구멍은 작다.
щека́ [복 щёки]	뺨	추위 때문에 나는 뺨이 빨개졌다.
губа́	입술	많은 여성들은 입술을 칠한다.
рот [복 рты]	입	아이가 입을 벌리고 잔다.
зуб	치아, 이	하루에 여러 번 이를 닦아야 한다.

Страусы прячут **голову** в песок.

У этой девушки красивое **лицо**.

Мама поцеловала ребёнка в **лоб**.

От страха девочка закрыла **глаза** руками.

Маша удивлённо приподняла **бровь**.

У неё были красивые глаза с длинными **ресницами**.

При простуде часто не дышит **нос**.

У нашей кошки большой нос, но маленькие **ноздри**.

От холода у меня покраснели **щёки**.

Многие женщины красят **губы**.

Ребёнок спит с открытым **ртом**.

Чистить **зубы** нужно несколько раз в день.

у́хо [복 у́ши]	귀	토끼는 기다란 귀가 있다.
ше́я	목	그녀는 목에 금목걸이를 걸었다.
плечо́	어깨	가방은 손에 들거나 어깨에 맨다.
спина́	등	소녀는 오빠의 등 뒤에 숨었다.
грудь 여	가슴	할머니는 팔짱을 꼈다.
кисть 여 또는 кисть руки́ 여	손	그녀는 헤어지면서 손을 흔들었다.
рука́	손, 팔	그는 택시를 타려고 손을 들었다.
нога́	다리	달리가가 끝나고 나서 나는 다리가 매우 아팠다.
па́лец [복 па́льцы]	손/발가락	어제 나는 검지를 베였다.
но́готь 남 [복 но́гти]	손/발톱	아냐는 손톱을 깎고 칠했다.
та́лия	허리	모든 여성들은 가느다란 허리를 꿈꾼다.
я́годица	엉덩이	환자에게 엉덩이 주사를 놓았다.
бедро́ [복 бёдра]	허벅지	이 운동은 날씬한 허벅지를 위한 것이다.

У зайцев длинные **уши**.

Она надела на **шею** золотую цепочку.

Сумки носят в руках или на **плечах**.

Девочка спряталась у брата за **спиной**.

Бабушка скрестила руки на **груди**.

На прощанье она махнула **кистью руки**.

Он поднял **руку**, чтобы поймать такси.

После бега у меня очень болели **ноги**.

Вчера я порезала указательный **палец**.

Аня подстригла и накрасила **ногти**.

Все девушки мечтают о тонкой **талии**.

Больному сделали укол в правую **ягодицу**.

Это упражнение для стройных **бёдер**.

лоды́жка	발목	운동선수는 경기 직전 발목이 부러졌다.
ступня́	발	나는 오래 걸은 탓에 왼쪽 발이 아팠다.
во́лос	머리카락	나는 보통 드라이기로 머리카락을 말린다.
краси́вый	예쁜, 아름다운	숲에는 아름다운 꽃들이 자란다.
симпати́чный	매력적인	우리는 키가 크고 매력적인 청년을 봤다.
высо́кий	높은, 키가 큰	에베레스트는 세계에서 가장 높은 산이다.
ни́зкий	낮은, 키가 작은	어린이 방에는 낮은 책상이 있다.
си́льный	강한, 힘센	우리 아버지는 매우 강한 사람이다.
сла́бый	약한	이 사람은 병들고 약한 사람이었다.
стро́йный	날씬한	한국 가수들은 예쁘고 날씬하다.
по́лный	통통한	그는 뚱뚱하지 않고, 약간 통통하다.
то́лстый	뚱뚱한	우리 집에는 뚱뚱한 고양이가 산다.
коро́ткие во́лосы 복	짧은 머리	남자들은 보통 머리가 짧다.

Спортсмен сломал **лодыжку** прямо перед соревнованиями.

От долгой ходьбы у меня болит левая **ступня**.

Я обычно сушу **волосы** феном.

В саду растут **красивые** цветы.

Мы увидели высокого **симпатичного** юношу.

Эверест — самая **высокая** гора в мире.

В детской комнате стоит **низкий** столик.

Наш отец очень **сильный** человек.

Это был больной и **слабый** человек.

Корейские певицы **стройные** и красивые.

Он не толстый, а немного **полный**.

У нас в доме живёт **толстый** кот.

У мужчин обычно короткие **волосы**.

дли́нные во́лосы 복	긴 머리	나는 긴 머리를 자르기로 결심했다.
прямы́е во́лосы 복	생머리	완벽한 생머리를 가진 사람은 많지 않다.
кудря́вые во́лосы 복	곱슬머리	너는 생머리보다 곱슬머리가 어울려.
вью́щиеся во́лосы 복	반곱슬 머리	소녀는 반곱슬 머리를 한 인형을 샀다.
све́тлые во́лосы 복	금발	북유럽에는 금발인 사람들이 많다.
тёмные во́лосы 복	어두운 머리	나는 어두운 머리를 좋아한다.
седы́е во́лосы 복	백발	노인들은 백발이다.

Я решила подстричь **длинные волосы**.

Не у многих людей идеально **прямые волосы**.

Тебе идут не прямые, а **кудрявые волосы**.

Девочка купила куклу с **вьющимися волосами**.

В Северной Европе много людей со **светлыми волосами**.

Мне нравятся **тёмные волосы**.

У старых людей **седые волосы**.

Здоро́вье 건강

здоро́вье	건강	건강은 삶에서 가장 중요하다.
спорт 단수만	운동	내가 가장 좋아하는 스포츠는 축구이다.
заня́тия спо́ртом	운동하기	나는 매일 운동하는 것에 지쳤다.
здоро́вый о́браз жи́зни (ЗОЖ)	건강한 생활 양식	우리 가족은 건강한 생활 양식을 가졌다.
ходьба́ 단수만	걷기	저녁 걷기는 건강에 좋다.
бег 단수만	달리기	여동생은 아침마다 공원에서 달리기를 한다.
пла́вание 단수만	수영	수영은 가장 건강에 좋은 스포츠이다.
велосипе́д	자전거	자전거는 훌륭한 생일 선물이다.
е́здить на велосипе́де НСВ만	자전거를 타다	오빠는 자전거를 타고 학교에 간다.
силовы́е трениро́вки	근력 운동	근력 운동은 유산소 운동과 번갈아 해야 한다.

28 ◆ TORFL 필수 어휘 1500

Здоровье - самое главное в жизни.

Мой любимый вид **спорта** — футбол.

Я устал от ежедневных **занятий спортом**.

Наша семья ведёт **здоровый образ жизни**.

Вечерняя **ходьба** полезна для здоровья.

Сестра по утрам занимается **бегом** в парке.

Плавание — самый полезный вид спорта.

Велосипед — отличный подарок на день рождения.

Брат **ездит** в школу **на велосипеде**.

Силовые тренировки нужно чередовать с аэробными нагрузками.

аэро́бные нагру́зки	유산소 운동	달리기는 기본적인 유산소 운동 중 하나이다.
фи́тнес	피트니스	내 여동생은 벌써 10년이나 피트니스를 했다.
йо́га	요가	스트레스 감소를 위해 많은 사람들은 요가를 한다.
пила́тес	필라테스	나는 스스로 필라테스를 한다.
ходи́ть в го́ры	등산하다	부모님은 주말마다 등산을 한다.
занима́ться НСВ заня́ться СВ спо́ртом	운동하다	당신은 어떤 운동을 합니까?
следи́ть за здоро́вьем НСВ만	건강을 관리하다	젊었을 때부터 건강을 관리해야 한다.
отдыха́ть НСВ отдохну́ть СВ	쉬다	우리는 매년 여름마다 바다로 쉬러 간다.
стресс	스트레스	스트레스는 건강에 해롭다.
получа́ть НСВ получи́ть СВ стресс	스트레스를 받다	학생들은 시험기간에 스트레스를 받는다.

Бег — это один из основных видов **аэробной нагрузки**.

Моя сестра уже десять лет занимается **фитнесом**.

Для снятия стресса многие люди занимаются **йогой**.

Я самостоятельно занимаюсь **пилатесом**.

Родители по выходным **ходят в горы**.

Вы **занимаетесь** каким-нибудь **спортом**?

Нужно **следить за здоровьем** смолоду.

Мы каждое лето ездим **отдыхать** на море.

Стресс вреден для здоровья.

Студенты **получают стресс** во время экзаменов.

броса́ть НСВ бро́сить СВ кури́ть	담배를 끊다	대체로 사람들에게 금연은 매우 어렵다.
здоро́вое пита́ние	건강식	최근 많은 사람들이 건강식으로 전향한다.
дие́та	다이어트, 식이요법	운동이 없는 다이어트는 체중 감량에 도움이 되지 않을 것이다.
сади́ться НСВ сесть СВ на дие́ту	다이어트를 하다	나는 1월 1일부터 다이어트를 하기로 결심했다.
низкоуглево́д- ное пита́ние	저탄수화물 식사	저탄수화물 식사는 사람들의 체중 감량을 돕는다.
са́хар в крови́	혈당	정기적으로 혈당 수치를 재야한다.
давле́ние	혈압	대부분의 노인들은 고혈압이 있다.
следи́ть НСВ만 + за чем(5)	~을 관리하다	여동생은 운동을 하고 식단을 관리한다.
бело́к [복 белки́]	단백질	치즈와 달걀에는 많은 단백질이 있다.
жир [복 жиры́]	지방질	마요네즈에는 해로운 지방이 많다.
углево́ды 복수만	탄수화물	감량을 위해서 탄수화물 섭취를 줄이는 것이 중요하다.

Обычно людям очень трудно **бросить** курить.

В последнее время многие люди переходят на **здоровое питание**.

Диета без занятий спортом не поможет похудеть.

С первого января я решила **сесть на диету**.

Низкоуглеводное питание помогает людям похудеть.

Нужно регулярно проверять уровень **сахара в крови**.

У многих старых людей высокое **давление**.

Сестра занимается спортом и **следит** за питанием.

В сыре и яйцах содержится много **белка**.

В майонезе много вредных **жиров**.

Для похудения важно уменьшить потребление **углеводов**.

кало́рия	칼로리	달리기는 칼로리 소모를 돕는다.
калори́йность 여	칼로리량	다이어트 할 때는 저칼로리 식품을 먹는다.
поле́зно	건강에 좋다	아침마다 물 한 컵을 마시는 것은 건강에 좋다.
вре́дно	해롭다	흡연은 건강에 해롭다.

Бег помогает сжигать **калории**.

Во время диеты едят продукты с низкой **калорийностью**.

По утрам **полезно** выпивать стакан воды.

Курение **вредно** для здоровья.

Боле́зни и медици́на 질병과 의학

медици́на	의학	한국은 의학이 잘 발달되었다.
врач	의사	이 병원에는 실력 있는 의사들이 일하고 있다.
боле́знь 여	병, 질환	많은 질병이 스트레스 때문에 발생한다.
заболева́ние	발병, 질병	이 병원에서는 바이러스성 질병의 치료를 한다.
больни́ца	병원	당신은 감기 때문에 병원에 가나요?
поликли́ника	종합진료소	여동생은 시의 종합진료소에서 간호사로 일한다.
грипп	독감	겨울에 나는 자주 독감에 걸린다.
ви́рус	바이러스	이것은 매우 위험한 바이러스다.
просту́да	감기	감기에 걸렸을 때 따뜻한 물을 마시고 쉬어야 한다.
на́сморк	코감기	목 통증과 콧물은 감기의 기본적인 증상이다.
ка́шель 남	기침	환자는 밤새 심한 기침을 했다.

В Корее очень хорошо развита **медицина**.

В этой больнице работают опытные **врачи**.

Многие **болезни** появляются из-за стресса.

В этой больнице занимаются лечением вирусных **заболеваний**.

Вы ходите в **больницу** при простуде?

Сестра работает медсестрой в городской **поликлинике**.

Зимой я часто болею **гриппом**.

Это очень опасный **вирус**.

Во время **простуды** нужно пить тёплую воду и отдыхать.

Боль в горле и **насморк** — основные симптомы простуды.

У больного всю ночь был сильный **кашель**.

ОРВИ [оэрви́]	급성 호흡기 바이러스 감염	급성 호흡기 바이러스 감염은 흔한 질병들 중 하나다.
ОРЗ [оэрзэ́]	급성호흡기질환	나는 급성호흡기질환 진단을 받아 3일 동안 학교에 가지 않았다.
бронхи́т	기관지염	흡연은 기관지염의 원인 중 하나이다.
аппендици́т	충수염, 맹장염	3일 전 나는 맹장염 제거 수술을 했다.
тра́вма	외상	축구선수는 경기 중에 외상을 입었다.
перело́м	골절	환자는 팔이 골절된 채로 병원에 실려왔다.
вы́вих	탈구	형은 크지 않은 어깨 탈구가 있었다.
ка́риес	충치	어린 아이들은 이에 충치가 자주 생긴다.
флюс	치조염	잇몸에 큰 치조염이 생겼다.
боль 여	통증	아침부터 두통이 가시질 않는다.
зуб	치아, 이	나는 이를 뽑아야 한다.
го́рло	목	감기는 보통 목이 아프다.
голова́	머리	그녀는 나를 봤고 내게 고개를 끄덕였다.

ОРВИ (Острая респираторная вирусная инфекция) — одно из самых частых заболеваний.

Мне поставили диагноз **ОРЗ (острое респираторное заболевание)**, и я три для не ходил в школу.

Курение — одна из причин **бронхита**.

Три дня назад мне удалили **аппендицит**.

Футболист получил **травму** во время игры.

Пациент был доставлен в больницу с **переломом** руки.

У брата был небольшой **вывих** плеча.

У маленьких детей на зубах часто появляется **кариес**.

На десне появился большой **флюс**.

У меня с утра не проходит головная **боль**.

Мне нужно удалить **зуб**.

При простуде обычно болит **горло**.

Она увидела меня и кивнула мне **головой**.

се́рдце	심장	불안 때문에 내 심장은 강하게 뛰었다.
лёгкое [복 лёгкие]	허파	지난 겨울 나는 폐렴에 걸렸다.
пе́чень 여	간	간은 매우 중요한 장기이다.
по́чка [복 по́чки]	신장	신장은 몸에서 독소를 배출한다.
желу́док	위장	빈 속에 매운 음식을 먹으면 안 된다.
поджелу́дочная железа́	췌장	약한 췌장은 당뇨병의 원인이 될 수 있다.
температу́ра	체온, 열	밤에 환자는 체온이 올라갔다.
апте́ка	약국	약을 사러 약국에 갔다와야 한다.
лека́рство	약	이 약은 하루 세 번 식후에 먹어야 한다.
очки́ 복수만	안경	시력이 안 좋아서 안과의사는 나에게 안경을 처방했다.
чу́вствовать НСВ почу́вствовать СВ себя́ хорошо́	몸이 좋다	몸 좀 어떠세요? – 괜찮아요.

От волнения у меня сильно билось **сердце**.

Прошлой зимой у меня было воспаление **лёгких**.

Печень — это очень важный внутренний орган.

Почки выводят из организма токсины.

Нельзя есть острую пищу на голодный **желудок**.

Слабая **поджелудочная железа** может стать причиной диабета.

Ночью у больного поднялась **температура**.

Надо сходить в **аптеку** за лекарствами.

Это **лекарство** надо принимать три раза в день после еды.

У меня плохое зрение, поэтому офтальмолог прописал мне **очки**.

Как вы **себя чувствуете**? – Спасибо, **хорошо**.

чу́вствовать **НСВ** почу́вствовать **СВ** себя́ пло́хо	몸이 좋지 않다	오늘 나는 몸이 좋지 않았고 출근하지 않았다.
больно́й 명	환자	환자분, 진료실로 들어오세요!
больно́й 명	아픈	아픈 치아들을 제때 치료해야 한다.
бо́лен 단 (-льна́ -льны́)	아프다	우리 할아버지는 몹시 아프다.
здоро́вый	건강한	그들은 예쁘고 건강한 아이를 낳았다.
здоро́в 단	건강하다	치료 후에 환자는 완전히 건강해졌다.
педиа́тр (де́тский врач)	소아과 의사	마샤는 소아과 의사가 되어 어린이들을 치료하고 싶어한다.
терапе́вт	내과 의사	나는 내과 의사에게 진료받으러 갔다.
хиру́рг	외과 의사	숙련된 외과 의사가 환자를 수술했다.
офтальмо́лог	안과 의사	나는 시력 측정을 위해 안과 의사에게 갔다.
кардио́лог	심장병 의사	심장이 아픈 사람들은 정기적으로 심장병 의사를 방문해야 한다.
гинеко́лог	부인과 의사	금요일에 부인과 진료 예약 부탁드립니다.

Сегодня я **почувствовала себя плохо** и не пошла на работу.

Больной, проходите в кабинет врача!

Больные зубы нужно лечить вовремя.

Наш старый дедушка сильно **болен**.

У них родился красивый **здоровый** ребёнок.

После лечения пациент был полностью **здоров**.

Маша хочет стать **педиатором** и лечить детей.

Я иду на приём к **терапевту**.

Больного оперировал опытный **хирург**.

Я пришла к **офтальмологу** проверить зрение.

Люди с больным сердцем должны регулярно посещать **кардиолога**.

Запишите меня на приём к **гинекологу** на пятницу.

уро́лог	비뇨기과 의사	비뇨기과 의사는 월요일에 진료가 없습니다.
стомато́лог	치과 의사	많은 아이들은 치과 의사들을 무서워한다.
вызыва́ть HCB вы́звать CB ско́рую	구급차를 부르다	고열 때문에 구급차를 부를 수 밖에 없었다.
вызыва́ть HCB вы́звать CB врача́ на дом	의사를 집으로 오게 하다	아이가 열이 나서 우리는 의사를 집으로 불렀다.
ложи́ться HCB лечь CB в больни́цу	입원하다	친구가 맹장염으로 입원했다.
выпи́сываться HCB вы́писаться CB из больни́цы	퇴원하다	언제 퇴원해?

Уролог не принимает по понедельникам.

Многие дети боятся **стоматологов**.

При высокой температуре необходимо **вызывать скорую**.

У ребёнка поднялась температура, и мы **вызвали врача на дом**.

Друг **лёг в больницу** с аппендицитом.

Когда ты **выписываешься из больницы**?

Пита́ние, проду́кты 음식, 식품

еда́	음식	저녁식사로 엄마는 많은 음식을 준비하셨다.
проду́кты 복	식품	식료품을 사러 상점에 들러야 한다.
за́втрак	아침식사	아빠는 아침식사 때 신문을 읽는 것을 좋아한다.
ланч	런치	보통 몇 시에 점심을 먹나요?
обе́д	점심식사	집에서 맛있는 점심이 우리를 기다렸다.
у́жин	저녁식사	공연이 끝나면 만찬이 있다.
суп	수프, 국	감기에 걸렸을 때에는 뜨거운 수프를 먹어야 한다.
щи 복수만	양배추 수프	양배추 수프는 보통 스메타나와 먹는다.
бутербро́д	햄, 치즈, 버터 등을 얹은 빵	나는 아침으로 버터와 치즈를 얹은 빵을 먹는다.
сэ́ндвич	샌드위치	이 카페는 매우 맛있는 샌드위치를 판다.

На ужин мама приготовила много **еды**.

Надо сходить за **продуктами** в магазин.

За **завтраком** папа любит читать газету.

В котором часу обычно едят **ланч**?

Дома нас ожидал вкусный **обед**.

После концерта состоится праздничный **ужин**.

Во время простуды нужно есть горячий **суп**.

Щи обычно едят со сметаной.

На завтрак я ем **бутерброд** с маслом и сыром.

В этом кафе продают очень вкусные **сэндвичи**.

колбаса	칼바사 (소시지)	나는 아침으로 훈제 칼바사 샌드위치를 먹었다.
сыр	치즈	아이들은 치즈 피자를 주문했다.
ма́сло	버터, 기름	대부분의 샐러드에 올리브 오일을 첨가한다.
ку́рица	닭고기	닭고기는 다이어트 식품이다.
мя́со **단수만**	고기	고기는 많은 요리들의 기본 재료이다.
говя́дина **단수만**	소고기	스테이크는 보통 소고기로 만든다.
свини́на **단수만**	돼지고기	당신은 어떤 돼지고기 요리를 알고 있나요?
бара́нина **단수만**	양고기	우리 가족은 양고기를 거의 먹지 않는다.
ры́ба **단수만**	생선, 물고기	나는 두 번째 코스로 생선과 샐러드를 주문했다.
ску́мбрия	고등어	구운 고등어는 맛있고 잘 차린 요리이다.
треска	대구	아빠는 대구탕을 끓였다.
туне́ц [**복생** тунца́]	참치	참치 샌드위치를 드셔보세요.

На завтрак я съел бутерброд с копчёной **колбасой**.

Ребята заказали пиццу с **сыром**.

Во многие салаты добавляют оливковое **масло**.

Мясо **курицы** считается диетическим продуктом.

Мясо — это основной ингредиент многих блюд.

Стейк обычно готовят из **говядины**.

Какие блюда из **свинины** вы знаете?

В нашей семье почти не едят **баранину**.

На второе я заказала **рыбу** и салат.

Жареная **скумбрия** — вкусное и сытное блюдо.

Папа сварил суп из **трески**.

Попробуйте эти бутерброды с **тунцом**.

минта́й 남	명태	명태에는 많은 양의 요오드가 함유되어 있다.
лосо́сь 남	연어	연어 초밥이 가장 인기 있다.
кра́сная икра́ 단수만	연어알	보통 연어알은 캐비어보다 저렴하다.
чёрная икра́ 단수만	캐비어	캐비어는 고급 요리이다.
яйцо́ [복 я́йца]	계란	당신은 삶은 계란과 계란 프라이 중 어느 쪽을 좋아하세요?
рис 단수만	쌀, 밥	쌀은 아시아 요리의 기본 재료이다.
спаге́тти 복수만 불변	스파게티	어제 우리는 스파게티를 먹으러 이탈리아 레스토랑에 갔다.
макаро́ны 복수만	마카로니	어렸을 때 나는 맥앤치즈를 좋아했다.
гре́чка	메밀	러시아에서는 자주 가니쉬로 메밀을 요리한다.
сала́т	샐러드	우리는 주식으로 채소 샐러드를 주문했다.
о́вощ [복 о́вощи]	야채, 채소	고기는 반드시 채소와 함께 먹어야 한다.

В **минтае** содержится большое количество йода.

Наиболее популярными считаются суши с **лососем**.

Обычно **красная** икра дешевле чёрной.

Чёрная икра — это деликатес.

Вы предпочитаете варёные или жареные **яйца**?

Рис — основной продукт азиатской кухни.

Вчера мы ходили в итальянский ресторан есть **спагетти**.

В детстве я любил **макароны** с сыром.

В России часто готовят **гречку** на гарнир.

К основному блюду мы заказали овощной **салат**.

Мясо обязательно нужно есть с **овощами**.

картóфель 🔵 **단수만**	감자	우리는 햄버거와 감자 튀김을 주문했다.
помидóр	토마토	수프에는 토마토 대신 토마토 페이스트를 넣을 수 있다.
огурéц [복 огурцы́]	오이	전채로 신선한 오이와 토마토를 냈다.
ты́ква	호박	당신은 호박죽 만들 줄 아세요?
баклажáн	가지	가지로 다양하고 맛있는 요리를 만들 수 있다.
кабачóк	애호박	식물성 기름에 애호박을 구우세요.
зéлень 🔴 **단수만**	푸성귀, 녹색 채소	요리를 장식하기 위해 녹색채소를 자주 사용한다.
фрукт	과일	너는 어떤 과일을 좋아하니?
апельси́н	오렌지	오렌지에는 비타민 C가 들어있다.
мандари́н	귤	러시아에서는 새해에 귤을 먹는 것이 풍습이다.
лимóн	레몬	감기에는 레몬을 넣은 뜨거운 차를 마셔야 한다.
я́блоко	사과	아이들은 뜰에서 사과를 따고 있었다.

Мы заказали гамбургеры и **картофель** фри.

В суп вместо **помидора** можно добавить томатную пасту.

На закуску подали свежие **огурцы** и помидоры.

Вы умеете готовить кашу из **тыквы**?

Из **баклажанов** можно приготовить много вкусных блюд.

Обжарьте **кабачки** в растительном масле.

Зелень часто используют для украшения блюд.

Какой твой любимый **фрукт**?

В **апельсинах** содержится витамин С.

В России на Новый год принято есть **мандарины**.

При простуде нужно пить горячий чай с **лимоном**.

Дети собирали в саду **яблоки**.

бана́н	바나나	아이들은 그에게 바나나를 씻어달라고 부탁했다.
анана́с	파인애플	파인애플은 생과일로도 먹고, 통조림 형태로도 먹는다.
я́года	딸기류, 베리류	아이들은 딸기를 모으러 숲으로 갔다.
клубни́ка	딸기	딸기는 매우 맛있고 건강에 좋은 열매이다.
черни́ка	블루베리	블루베리는 시력에 도움이 된다.
ви́шня	체리	여름에 많은 사람들이 체리잼을 만든다.
сли́ва	자두	이 자두들은 덜 익고 시큼하다.
пе́рсик	복숭아	엄마는 커다란 분홍빛 복숭아를 샀다.
гру́ша	배	디저트를 만들기 위해 배를 자주 사용한다.
абрико́с	살구	말린 살구는 맛있고 건강한 간식이다.
соль 여 단수만	소금	입맛에 따라 소금과 후추를 넣으세요!
са́хар 단수만	설탕	나는 항상 설탕을 넣은 차를 마신다.
пе́рец 단수만	후추	후추는 많은 요리에 들어간다.

Ребёнок попросил почистить ему **банан**.

Ананасы едят в сыром и в консервированном виде.

Ребята пошли в лес собирать **ягоды**.

Клубника — очень вкусная и полезная ягода.

Черника полезна для зрения.

Летом многие варят варенье из **вишни**.

Эти **сливы** неспелые и кислые.

Мама купила крупные розовые **персики**.

Грушу часто используют для приготовления десертов.

Сушёные **абрикосы** — вкусная и полезная закуска.

Добавьте **соль** и перец по вкусу!

Я всегда пью чай с **сахаром**.

Перец добавляют во многие блюда.

припрáва	조미료, 양념, 향신료	인도 요리에는 많은 양의 향신료가 사용된다.
морóженое **단수만**	아이스크림	우리는 디저트로 딸기 아이스크림을 주문했다.
торт	케이크	친구들은 내 생일을 위해 맛있는 케이크를 샀다.
шоколáд **단수만**	초콜릿	초콜릿은 기억력 향상에 도움을 준다.
конфéта	사탕	식당 계산대에 박하사탕 통이 놓여 있었다.
хлеб	빵	사샤는 빵을 사러 가게에 갔다.
бéлый хлеб	흰 빵, 식빵	당신은 흰 빵을 좋아하나요, 흑빵을 좋아하나요?
чёрный хлеб	흑빵, 호밀빵	흑빵은 흰 빵보다 건강하다고 여겨진다.
батóн	바게트 빵	스프와 함께 신선한 바게트 빵 한 쪽이 나왔다.
бýлка (бýлочка)	롤빵, 번빵 (밀가루로 만든 빵)	이 식당에서는 맛있는 롤빵을 굽는다.
печéнье	쿠키, 과자	자기 전에 아이들은 쿠키와 우유를 먹는다.

В индийской кухне используется большое количество **приправ**.

На десерт мы заказали клубничное **мороженое**.

Друзья купили вкусный **торт** на мой день рождения.

Шоколад способствует улучшению памяти.

У кассы ресторана стояла баночка с мятными **конфетами**.

Саша пошёл в магазин за **хлебом**.

Вам нравится **белый** или чёрный **хлеб**?

Чёрный хлеб считается полезнее белого.

Вместе с супом подали ломтик свежего **батона**.

В этой столовой пекут вкусные **булочки**.

Перед сном дети пьют молоко с **печеньем**.

пиро́г, пирожо́к	파이	할머니는 사과 파이를 구웠다.
вода́ **단수만**	물	얼음물 한 컵 주세요.
молоко́ **단수만**	우유	나는 우유와 설탕이 안 들어간 블랙 커피를 선호한다.
чай **남**	차	허브차는 스트레스를 감소시키고 잠 드는 것을 돕는다.
ко́фе **남**	커피	나는 하루에 진한 커피 3잔을 마신다.
сок	주스	아침에 갓 짠 오렌지 주스를 먹는 것은 몸에 좋다.
пи́во **단수만**	맥주	나는 친구들과 함께 바에 가서 맥주를 한 병씩 마셨다.
вино́ (кра́сное, бе́лое)	와인 (레드, 화이트)	우리는 고기에 어울리는 레드와인을 한 잔씩 주문했다.
во́дка **단수만**	보드카	남자는 보드카가 담긴 잔을 들고 건배사를 말하기 시작했다.
ви́ски **불변**, **중** 또는 **남**	위스키	당신은 코냑이나 위스키를 드시겠습니까?
конья́к	코냑, 브랜디	우리는 선물로 코냑 한 병과 초콜릿을 샀다.

Бабушка испекла яблочный **пирог**.

Дайте, пожалуйста, стакан минеральной **воды** со льдом.

Я предпочитаю чёрный кофе без **молока** и сахара.

Травяной **чай** снимает стресс и помогает заснуть.

В день я выпиваю три чашки крепкого **кофе**.

На завтрак полезно пить свежевыжатый апельсиновый **сок**.

Мы с друзьями пошли в бар и выпили по бутылке **пива**.

К мясу мы заказали по бокалу красного **вина**.

Мужчина поднял рюмку с **водкой** и начал говорить тост.

Вы будете коньяк или **виски**?

В подарок мы купили бутылку **коньяка** и шоколад.

газирóвка	탄산음료	더운 날씨에는 차가운 탄산음료가 마시고 싶다.
буты́лка	병	나는 가게에서 빵과 작은 물 한 병을 샀다.
стакáн	유리컵	그리고 계란과 우유 두 컵을 넣으세요.
чáшка	컵	차 한 잔씩만 더 마시고 집에 가자.
лóжка	숟가락	당신은 커피에 설탕을 몇 스푼 넣습니까?
ви́лка	포크	포크는 왼손에 쥐어야 하고, 칼은 오른손에 쥐어야 한다.
нож [복 ножи́]	칼	조심해, 칼이 매우 날카로워!
тарéлка	접시	식탁에 뜨거운 수프 접시가 있다.
чáйник	주전자	가스렌지에서 주전자가 끓고 있다.
кафé 불변	카페, 경식당	아냐, 우리 카페에 가서 점심 먹자!
кофéйня	커피숍	이 집 커피는 우리 도시에서 제일 맛있다.
ресторáн	레스토랑, 음식점	저녁 먹으러 한식당에 가자!

В жаркую погоду хочется выпить холодную **газировку**.

В магазине я купила булочку и маленькую **бутылку** воды.

Затем добавьте яйцо и два **стакана** молока.

Выпьем ещё по **чашке** чая и пойдём домой.

Сколько **ложек** сахара вы кладёте в кофе?

Вилку следует держать в левой руке, а нож - в правой.

Осторожно, **нож** очень острый!

На столе стоит **тарелка** горячего супа.

На плите кипит **чайник**.

Аня, пойдём пообедаем в **кафе**!

В этой **кофейне** самый вкусный кофе в нашем городе.

Давай пойдём на ужин в корейский **ресторан**!

столо́вая 명	식당	우리 대학교에는 매우 훌륭한 식당이 있다.
аппети́т	식욕, 입맛	회사에서의 문제 때문에 남편은 식욕이 없다.
Прия́тного аппети́та!	맛있게 드세요!	식사하시죠! 맛있게 드세요!
есть НСВ съесть СВ	먹다	엄마, 우리 점심에 뭐 먹어요?
пить НСВ вы́пить СВ	마시다	저녁마다 우리는 사탕과 잼을 곁들여 차를 마신다.
за́втракать НСВ поза́втракать СВ	아침식사를 하다	아침마다 아침식사를 먹을 시간이 없다.
обе́дать НСВ пообе́дать СВ	점심식사를 하다	쉬는 시간에 나는 점심을 먹으러 식당에 들렀다.
у́жинать НСВ поу́жинать СВ	저녁식사를 하다	보통 우리는 집에서 가족이 모여서 저녁을 먹는다.
покупа́ть НСВ купи́ть СВ	사다, 구매하다	시장에서는 저렴한 식품들을 살 수 있다.
выбира́ть НСВ вы́брать СВ	고르다, 선택하다	맛있고 잘 익은 파인애플을 어떻게 고릅니까?

В нашем университете очень хорошая **столовая**.

Из-за проблем на работе у мужа нет **аппетита**.

Кушайте, пожалуйста! **Приятного аппетита**!

Мама, что мы будем **есть** на обед?

По вечерам мы **пьём** чай с конфетами и вареньем.

По утрам часто нет времени **позавтракать**.

На перемене я зашла в столовую **пообедать**.

Обычно мы **ужинаем** дома в кругу семьи.

На рынке можно **купить** дешёвые продукты.

Как **выбрать** спелый и вкусный ананас?

зака́зывать **НСВ** заказа́ть **СВ**	주문하다, 시키다	요즘 대부분의 사람들은 집으로 배달 음식을 주문한다.
гото́вить **НСВ** пригото́вить **СВ**	요리하다	너는 어떤 음식을 할 수있니?
вари́ть **НСВ** свари́ть **СВ**	끓이다, 삶다	엄마는 맛있는 닭고기 수프를 끓였다.
жа́рить **НСВ** пожа́рить **СВ**	볶다, 튀기다	커틀렛은 약한 불에 튀겨야 한다.
печь **НСВ** запе́чь (испе́чь) **СВ**	굽다	러시아에서는 마슬레니차에 블린을 굽는다.
класть **НСВ** положи́ть **СВ**	놓다, 넣다	설탕 한 스푼을 넣고 섞어주세요.
открыва́ть **НСВ** откры́ть **СВ**	열다, 따다	아이는 오랫동안 탄산음료 병을 열 수 없었다.
вку́сный	맛있는	잔칫상에 맛있는 음식들이 많이 있었다.
поле́зный	몸에 좋은	건강하고 맛있는 아침식사를 어떻게 준비합니까?
горя́чий	뜨거운	내가 좋아하는 음료는 핫초코입니다.

Сейчас многие люди **заказывают** готовую еду на дом.

Какие блюда ты умеешь **готовить**?

Мама **сварила** вкусный куриный бульон.

Котлеты нужно **жарить** на слабом огне.

В России на Масленицу **пекут** блины.

Положите одну ложку сахара и перемешайте.

Ребёнок долго не мог **открыть** бутылку газировки.

На праздничном столе было много **вкусных** блюд.

Как приготовить **полезный** и вкусный завтрак?

Мой любимый напиток — **горячий** шоколад.

холо́дный	차가운	따뜻한 물을 드릴까요, 시원한 물을 드릴까요?
мя́гкий	부드러운	할머니는 우리에게 갓 구운 부드러운 빵을 대접하셨다.
жёсткий	질긴	이 고기가 너무 질겨서 못 먹겠어요!
твёрдый	딱딱한	아이스크림이 너무 딱딱하네요. 조금 녹을 때까지 기다릴게요.
тёплый	따뜻한	인후염에는 따뜻한 물을 많이 마실 것을 추천한다.
го́рький	쓴	나는 쓴 커피를 싫어한다.
сла́дкий	단	아빠는 크고 단 수박을 샀다.
о́стрый	매운	한국 요리는 주로 맵다.
ки́слый	신	레몬은 매우 시다.
вку́сно 부	맛있는	부엌에서 매우 맛있는 수프 냄새가 난다.

Вам тёплую или **холодную** воду?

Бабушка угостила нас свежими **мягкими** булочками.

Это мясо очень **жёсткое**, есть невозможно!

Мороженое очень **твёрдое**, подожду когда немного растает.

При ангине советуют пить много **тёплой** воды.

Я не люблю **горький** кофе.

Папа купил большой **сладкий** арбуз.

Корейские блюда обычно **острые**.

Лимоны очень **кислые**.

На кухне очень **вкусно** пахло супом.

ЧЕЛОВЕК И ЖИЗНЬ

인간과 생활

Вре́мя
시간

Простра́нство
공간

Жили́ще
주거

Ме́бель и интерье́р
가구 및 인테리어

Бытова́я те́хника
가전제품

Оде́жда, о́бувь, аксессуа́ры
의복, 신발, 악세서리

Косме́тика, гигие́на
화장품, 위생용품

Вре́мя 시간

вре́мя 중	시간	우리는 시간이 별로 없다.
ме́сяц	월, 달	몇 월에 휴가를 계획하세요?
янва́рь 남	1월	한 해는 1월에 시작된다.
февра́ль 남	2월	2월은 연중 가장 짧은 달이다.
март	3월	나는 3월까지 반드시 집을 다 지어야 한다.
апре́ль 남	4월	나는 4월에 한가할 거라서 너를 도와줄 수 있을 것 같아.
май	5월	5월에는 휴일이 많다.
ию́нь 남	6월	6월에 학생들은 시험 때문에 매우 바쁘다.
ию́ль 남	7월	7월의 한국은 무척 덥군요!
а́вгуст	8월	8월에는 많은 직원들이 휴가를 간다.
сентя́брь 남	9월	러시아에서는 학년이 9월에 시작된다.
октя́брь 남	10월	10월에 오세요, 여기 날씨가 아주 좋아요!

У нас совсем мало **времени**.

В каком **месяце** вы планируете отпуск?

Год начинается с **января**.

Февраль — самый короткий месяц в году.

Мне обязательно нужно достроить дом к **марту**.

В **апреле** я буду свободна и смогу помочь тебе.

В **мае** у нас много выходных дней.

В **июне** студенты очень заняты из-за экзаменов.

Как жарко в Корее в **июле**!

В **августе** многие сотрудники уходят в отпуск.

В России учебный год начинается в **сентябре**.

Приезжайте к нам в **октябре**, здесь отличная погода!

ноя́брь 🔵	11월	우리는 11월까지 일이 아주 많다.
дека́брь 🔵	12월	12월까지 일을 마무리해 주실 수 있으세요?
день неде́ли 🔵	요일	가장 좋아하는 요일은 언제예요?
неде́ля	주	나는 이번 주에 할 일이 매우 많다.
понеде́льник	월요일	월요일 점심에 만날까요?
вто́рник	화요일	우리는 화요일에 시내 관광을 할 예정이다.
среда́	수요일	수요일 저녁 5시로 예약해 주세요.
четве́рг	목요일	목요일 저녁에 시간 있으세요?
пя́тница	금요일	금요일까지 모든 것을 끝낼 수 있으시겠어요?
суббо́та	토요일	우리는 토요일에 친구들 집으로 놀러 간다.
воскресе́нье	일요일	나는 일요일마다 수영장에 다닌다.
секу́нда	초	그의 속도는 초당 10미터이다.
мину́та	분	한 시간은 60분이다.
час	시간, 시	우리는 하루에 8시간씩 일한다.

До **ноября** у нас много работы.

Вы сможете закончить работу к **декабрю**?

Какой у вас самый свободный **день недели**?

На этой **неделе** у меня очень много дел.

Давайте встретимся в **понедельник** в обед?

Во **вторник** у нас будет экскурсия по городу.

Запишите меня на **среду**, на 17 часов.

У вас есть время в **четверг** вечером?

Вы успеете всё сделать до **пятницы**?

В **субботу** мы идём в гости к друзьям.

Я хожу в бассейн каждое **воскресенье**.

Его скорость 10 метров в **секунду**.

В одном часе шестьдесят **минут**.

Мы работаем по восемь **часов** в сутки.

су́тки 복수만	하루	이 약은 하루에 한 번 복용하세요.
год [복 лет]	해, 년	러시아 학교에서는 (졸업할 때까지) 11년을 공부한다.
век [복 века́]	한 세기	이 학자는 지난 세기에 살았다.
у́тро	아침	오늘은 맑고 햇빛이 쨍쨍한 아침이다.
у́тром 부	아침에	나는 내일 아침에 병원에 가야 한다.
день 남	1일, 낮	나는 이 업무를 수행하는데 이틀이 걸린다.
днём 부	낮에	낮에 나는 보통 대학교에서 강의를 듣는다.
ве́чер	저녁	나에게 저녁은 가족과 함께 휴식하는 시간이다.
ве́чером 부	저녁에	여름 저녁이면 우리는 자주 강변을 따라 산책을 했다.
ночь 여	밤	요즘 밤 기온이 낮아, 옷을 따뜻하게 입어라.
но́чью 부	밤에	어젯밤에 무서운 뇌우가 있었다.
когда́	언제, ~할 때에	나는 러시아에 언제 처음 왔는지 기억이 안 난다.

Принимайте это лекарство один раз в **сутки**.

В российских школах учатся одиннадцать **лет**.

Этот учёный жил в прошлом **веке**.

Сегодня ясное солнечное **утро**.

Завтра **утром** мне надо к врачу.

На эту работу мне нужно два **дня**.

Днём я обычно в университете на лекциях.

Для меня **вечер** — это время отдыха с семьёй.

Летними **вечерами** мы часто гуляли по набережной.

Сейчас холодные **ночи**, одевайся теплее.

Вчера **ночью** была страшная гроза.

Я не помню, **когда** первый раз приехал в Россию.

вчера́ 부	어제	우리는 어제 중요한 회의를 했다.
сего́дня 부	오늘	오늘 저에게 전화를 해주실 수 있으세요?
за́втра 부	내일	내일은 하루종일 사무실에 있을테니 오세요.
тепе́рь 부	이제는, 지금	예전에 우리는 자주 만났었는데 이제는 일 년에 한 번 만난다.
сейча́с 부	지금	지금 많이 바쁘세요?
ско́ро 부	신속히, 곧	사장님이 곧 떠나시니 서류 준비를 서두르세요.
снача́ла 부	처음에, 먼저	먼저 당신이 무엇을 원하시는지 설명해 주세요.
до 전	~전에, ~까지	나는 학교 수업 전에 헬스장에 간다.
по́сле 전	~후에, 그 후	나는 퇴근 후에 친구들을 만난다.
пото́м 부	다음에	내가 나중에 모든 일을 이야기해 줄게.
всегда́ 부	늘, 언제나	여기는 언제나 친절하게 질문에 대답해준다.
иногда́ 부	때때로	그는 가끔 전화를 받지 않는다.

У нас **вчера** было важное совещание.

Вы можете **сегодня** мне позвонить?

Завтра я весь день буду в офисе, приходите.

Раньше мы встречались часто, а **теперь** раз в год.

Вы **сейчас** сильно заняты?

Директор **скоро** уходит, поторопитесь приготовить документы.

Сначала объясните, чего вы хотите.

До занятий в университете я хожу в спортивный зал.

После работы я встречаюсь с друзьями.

Я **потом** тебе всё расскажу.

Здесь **всегда** очень вежливо отвечают на вопросы.

Иногда он не подходит к телефону.

никогда́ 🔹	그 어느 때도, 결코	그는 결코 먼저 퇴근하지 않는다.
тогда́ 🔹	그때, 그 당시에	그때 나는 그녀가 나의 아내가 될지 몰랐다.
давно́ 🔹	오래전부터	나는 그녀와 오래전부터 알고 지냈다.
неда́вно 🔹	최근에, 얼마 전에	나는 최근에 그녀를 길거리에서 만났다.
вдруг 🔹	갑자기, 불시에	갑자기 바람이 강하게 불더니 비가 왔다.
раз	번, 회	나는 일주일에 한 번 부모님께 전화 드린다.
до́лго 🔹	오랫동안	우리는 여러 일에 대해 오랫동안 대화를 나누었다.
бы́стро 🔹	빠르게, 빨리	방학이 너무 빨리 끝났네!
уже́ 🔹	벌써	우리 아들은 벌써 다 커서 일하고 있다.
ещё 🔹	아직	우리 딸은 아직 어려서 학교에 다닌다.
нача́ло	시작	우리는 공연 시작 전에 극장에 도착했다.
коне́ц	끝	영화의 끝은 예상치 못한 것이었다.

Он **никогда** не уходит с работы первым.

Я **тогда** ещё не знал, что она станет моей женой.

Мы с ней **давно** знакомы.

Недавно я встретил её на улице.

Вдруг поднялся сильный ветер и пошёл дождь.

Я звоню родителям один **раз** в неделю.

Мы **долго** разговариваем о разных делах.

Как **быстро** закончились каникулы!

Сын **уже** взрослый, он работает.

Дочь **ещё** маленькая, она учится в школе.

Мы успели приехать в театр до **начала** спектакля.

Конец фильма был очень неожиданным.

поздно 🔹	늦게	오늘은 강의가 늦게 끝난다.
рано 🔹	일찍부터, 일찍이	우리 아이들은 말이 일찍 트였다.
раньше 🔹	먼저, 이전에	우리 혹시 전에 만난 적 있나요?
редко 🔹	드물게	이렇게 책임감 있는 사람은 드물다!
часто 🔹	자주	그들은 자주 미래를 위한 계획을 세운다.
обычно 🔹	보통, 일반적으로	보통 친구들은 서로 돕는다.
однажды 🔹	어느 날, 언젠가, 한번	이 일에 대해 언젠가는 후회하게 될 거야.
всё время	언제나, 늘	너는 항상 새로운 계획을 가지고 있네!
каждый	저마다의, 각각의	모든 사람은 언젠가 죽음에 대해 생각한다.
будущий	미래의	인사하세요. 이 사람이 저와 결혼할 남자예요.
следующий	다음의	나는 내년에 러시아어 시험을 볼 예정이다.
прошлый	과거의	작년에 우리의 수익은 증가하였다.

Сегодня лекции кончаются **поздно**.

Наши дети начали говорить очень **рано**.

Мы с вами **раньше** не встречались случайно?

Такие ответственные люди **редко** встречаются!

Они **часто** строят планы на будущее.

Обычно друзья помогают друг другу.

Однажды ты пожалеешь об этом.

У тебя **всё время** новые планы!

Каждый человек когда-нибудь думает о смерти.

Познакомьтесь, это мой **будущий** муж.

В **следующем** году я планирую сдавать экзамен по русскому языку.

В **прошлом** году наша прибыль увеличилась.

настоя́щий	현재의	현재 우리는 이 상품을 판매하지 않는다.
Ско́лько вре́мени?	몇 시예요?	지금 몇 시입니까?
Во ско́лько?	몇 시에?	공연은 몇 시에 시작됩니까?
быть НСВ (бу́ду, бу́дешь) + где(6) + кем(5)	~이다	우리는 어제 전시회에 갔는데 정말 좋았다.
опа́здывать НСВ опозда́ть СВ	늦다, 지연되다, 지각하다	제시간에 와, 늦지 말고!
успева́ть НСВ успе́ть СВ	시간에 늦지 않게 되다	나는 수요일까지 모든 업무를 끝낼 수 없을 것 같다.
конча́ть НСВ ко́нчить СВ	끝내다, 마치다	그는 이미 점심식사를 마치고 커피를 마시고 있었다
конча́ться НСВ ко́нчиться СВ	끝나다	수업은 2시에 끝난다.
начина́ть НСВ нача́ть СВ	시작하다	강의를 시작합니다!
начина́ться НСВ нача́ться СВ	시작되다	여러분, 강의가 시작됩니다!

В **настоящее** время мы не продаём этот товар.

Сколько сейчас **времени**?

Во сколько начинается концерт?

Мы вчера **были** на выставке, мне очень понравилось.

Приходи вовремя, не **опаздывай**!

Я не **успеваю** сделать всю работу к среде.

Он уже **кончил** обедать и пил кофе.

Урок **кончается** в два часа.

Мы **начинаем** нашу лекцию!

Внимание, лекция **начинается**!

продолжа́ться **НСВ** продо́лжиться **СВ**	지속되다	공연은 정확히 1시간 동안 했다.
ждать **НСВ만**	기다리다	우리는 너희를 30분 동안 기다렸는데 너희는 오지 않았어.

Спектакль **продолжался** ровно час.

Мы **ждали** вас полчаса, но вы не пришли.

Простра́нство 공간

находи́ться **НСВ만**	있다, 위치하다	이 마을은 동쪽 바다 해안가에 있다.
располага́ться **НСВ** расположи́ться **СВ**	자리를 잡다	여기는 강당이 있다.
дви́гаться **НСВ만**	움직이다	그들은 춤을 추면서 아름답게 움직였다.
стоя́ть **НСВ만**	서다, 정지해 있다	버스 정류장에 많은 사람이 서 있었다.
идти́ **НСВ** пойти́ **СВ**	걸어가다	이제 오고 있니? 우리 기다리고 있어!
бежа́ть **НСВ만**	달려가다	빨리 달려, 버스가 떠난다!
пры́гать **НСВ** пры́гнуть **СВ**	뛰다, 뛰어가다	얘들아, 여기서 뛰지 말아!
е́хать **НСВ만** + куда́(4) + отку́да(2)	(교통 수단을 이용해) 가다	이 열차는 매우 빨리 간다.
лете́ть **НСВ** полете́ть **СВ**	날아가다	하늘에 비행기가 지나간다.

Этот посёлок **находится** на берегу Восточного моря.

Здесь **располагается** лекционный зал.

Они красиво **двигались** в танце.

На автобусной остановке **стояло** много людей.

Ты уже **идёшь**? Мы ждём!

Беги быстрее, автобус уходит!

Дети, не **прыгайте** здесь!

Этот поезд **едет** очень быстро.

В небе **летит** самолёт.

плыть **НСВ** поплы́ть **СВ** + куда(4) + откуда(2)	수영하다, 항해하다	큰 상어가 바로 우리를 향해 오고 있다.
встреча́ть **НСВ** встре́тить **СВ** + кого (4)	만나다	어제 나는 우연히 옛 친구를 길에서 만났다.
встреча́ться **НСВ** встре́титься **СВ** + с кем (5)	만나다, 사귀다	우리는 벌써 2년 동안 사귀고 있다.
расстава́ться **НСВ** расста́ться **СВ** + с кем (5)	헤어지다, 흩어지다	방과 후에 우리는 헤어졌고 나는 집에 갔다.
дом	집	자, 우리 이제 다 왔어. 여기가 내 집이야.
до́ма 🔵	집에	안나, 너 지금 집에 있니?
домо́й 🔵	집으로	엄마, 저 피곤해요, 집으로 가요!
на/в + чём(4) 🔷	~(으)로	우리는 밖으로 (거리로) 나와 가게에 갔다.
на/в + чём(2) 🔷	~에	사무실에 봉투가 없어서 우리는 우체국에서 봉투를 샀다.

Прямо на нас **плывёт** большая акула.

Вчера я случайно **встретил** на улице старого друга.

Мы **встречаемся** уже два года.

После уроков мы **расстались** и я пошёл домой.

Ну вот мы и пришли, это мой **дом**.

Анна, ты сейчас **дома**?

Мама, я устала, пойдём **домой**!

Мы вышли **на** улицу и пошли в магазин.

У нас в офисе не было конвертов, мы купили их **на** почте.

бли́зко 부	가까이	지하철역은 집에서 매우 가깝다.
далеко́ 부	멀리	근무하는 데가 집에서 멀어? (일하러 멀리 다녀?)
недалеко́ 부	멀지 않은 곳에	아니요, 사무실은 집에서 멀지 않아요.
здесь 부	여기	여기에 사신 지 오래 되셨어요?
там 부	거기	여기는 우리 사무실이고 거기는 강의실이야.
сюда́ 부	여기로, 이리로	이리 오세요. 다 설명해 드릴게요.
туда́ 부	거기로	우리는 거기에 다시 안 갈 거야. 거기가 마음에 안 들었거든.
тут 부	바로 여기	괜찮으시면 여기에 잠시 앉아 있을게요.
вот 부	바로 그렇게, 바로 여기에	훌륭해! 바로 이렇게 항상 해야 해!
о́коло 전	곁에	우리 집 근처에 편의점이 있다.
ря́дом 전	곁에, 나란히	개가 주인과 나란히 걷는다.
у 전 + чего(2)	곁에	내 여동생에게 집이 있다. 그녀의 집 앞에 꽃이 자란다.

Станция метро очень **близко** от дома.

Тебе **далеко** ездить на работу?

Нет, офис **недалеко** от моего дома.

Вы давно **здесь** живёте?

Здесь у нас офис, а **там** аудитория.

Идите **сюда**, я вам всё объясню.

Мы **туда** больше не пойдём, нам там не понравилось.

Мы посидим **тут**, если можно.

Отлично! **Вот** так и надо делать всегда!

Около моего дома есть круглосуточный магазин.

Собака идёт **рядом** с хозяином.

У моей сестры есть дом. **У** её дома растут цветы.

сле́ва 전	좌측에	그는 항상 나의 왼쪽에 앉았다.
спра́ва 전	우측에	책은 오른쪽에 있어. 잘 살펴봐.
нале́во 부	좌측으로	좌회전하시면 큰 건물이 보입니다.
напра́во 부	우측으로	교차로에서 시내 쪽으로 우회전하십시오.
ле́вый	좌측의	왼손으로 글을 쓰시나요?
пра́вый	우측의	나는 오른쪽 눈이 잘 보이지 않는다.
внизу́ 부 전	밑에	의사 선생님, 저 아랫배가 아파요.
вверху́ 부 전	위에	위에, 산 정상에는 공기가 아주 맑았다.
вниз 부	밑으로	아래로, 1층으로 내려 오세요.
вверх 부	위로	엘리베이터를 타고 위로 올라가세요.
вперёд 부	앞으로	한 걸음 앞으로 가세요.
наза́д 부	뒤로	뒤로 돌아봐, 저 멀리 높은 집 보이지?
сза́ди 부	뒤에	그는 뒤에서 나에게 다가와 내 어깨에 손을 얹었다.
пря́мо 부	곧바로, 직진	어디로도 돌아보지 말고 곧바로 가셔야 합니다.

Он всегда садился **слева** от меня.

Книга лежит **справа**, посмотри получше.

Поверните **налево** и увидите большое здание.

На перекрёстке поверните **направо**, в сторону центра города.

Вы пишите **левой** рукой?

У меня плохо видит **правый** глаз.

Доктор, у меня болит **внизу** живота.

Вверху, на вершине горы воздух был очень чистым.

Спуститесь **вниз**, на первый этаж.

Поднимитесь **вверх** на лифте.

Сделайте шаг **вперёд**.

Повернись **назад**, видишь, вон там высокий дом?

Он подошёл ко мне **сзади** и положил руку на плечо.

Вам нужно идти **прямо** и никуда не сворачивать.

в 전 + чём(6)	안에	너의 상자 속에는 뭐가 들어 있니?
за 전 + чем(5)	~뒤에	장롱 뒤에 먼지가 많았다.
на 전 + чём(6)	~위에, ~에	컴퓨터가 작은 책상 위에 있다.
над 전 + чем(5)	~위에	책상 위에 벽시계가 걸려 있다.
по 전 + чему(3)	~따라	그는 그냥 거리를 거니는 것을 좋아했다.
под 전 + чем(5)	~밑에	이불 속은 따뜻하고 아늑했다.
из 전 + чего(2)	~로부터, ~에서	냉장고에서 우유 좀 꺼내줘.
где	어디에	너는 요즘 어디에서 일하니?
куда́	어디로	어디 갔어? 내가 기다려 달라고 했잖아!
нигде́	어디에서도	책을 못 찾겠다. 어디에도 없네.
никуда́	아무데도	너는 숙제 다 할 때까지 아무 데도 못 가!
отку́да 부	어디로부터	어디에서 우리 도시에 오셨어요?

А что у тебя **в** коробке?

За шкафом было много пыли.

Компьютер стоит **на** маленьком столе.

Над столом висят настенные часы.

Он любил гулять **по** улице просто так.

Под одеялом было тепло и уютно.

Достань, пожалуйста, молоко **из** холодильника.

Где ты сейчас работаешь?

Куда ты ушёл? Я же просила подождать меня!

Я не могу найти книгу, её **нигде** нет.

Ты **никуда** не пойдёшь, пока не сделаешь уроки!

Откуда вы приехали в наш город?

Жили́ще 주거

дом	집, 주택	우리 가족은 작고 오래된 집에 살고 있다.
зда́ние	건물	이 고층 건물에는 많은 사무실이 있다.
вход	입구	정문을 통해 건물로 들어오세요.
вы́ход	출구	친구들은 지하철 1번 출구 근처에서 만나기로 약속했다.
подъе́зд	출입구, 문간, (아파트의) 한 입구를 통해 들어가는 가구 일체, 한 라인	내 친구는 옆 라인에 산다.
домофо́н	인터폰	손님들이 도착했고 인터폰으로 연락했다.
код	암호	나는 인터폰의 새 비밀번호를 잊어버렸다.
лифт	엘리베이터	우리는 계단으로 올라가지 않고, 엘리베이터를 타기로 했다.
ле́стница	계단	젊은이는 빠른 걸음으로 계단을 따라 내려갔다.

Наша семья живёт в небольшом старом **доме**.

В этом высоком **здании** находится много офисов.

Войдите в здание через главный **вход**.

Друзья договорились встретиться возле первого **выхода** метро.

Мой друг живёт в соседнем **подъезде**.

Гости пришли и позвонили в **домофон**.

Я забыл новый **код** от домофона.

Мы решили не подниматься по лестнице, а сесть в **лифт**.

Молодой человек быстрыми шагами спускался по **лестнице**.

этáж	층	이 건물은 20층이다.
квартѝра	아파트 (한 가구)	당신의 아파트는 몇 층에 있습니까?
многоквартѝр-ный дом	다가구 주택 (아파트 건물)	시골 마을이 있던 자리에는 아파트 단지가 건설되었다.
дверь 여	문	문 좀 열어주세요!
ключ	열쇠	여자는 밖으로 나갔고 열쇠로 문을 잠갔다.
замóк	자물쇠	너는 이 자물쇠의 열쇠를 가지고 있니?
прихóжая 명	현관	마샤는 현관에서 자켓을 벗고 거실을 지나갔다.
коридóр	복도	이 호텔에는 길고 넓은 복도들이 있다.
кýхня	부엌	엄마는 부엌에서 저녁을 준비한다.
туалéт	화장실	여자 화장실이 어디에 있는지 알려주시겠어요?
вáнная 명	욕실	언니는 샤워를 하러 욕실에 갔다.
кóмната	방	아들은 자기 방에서 공부를 했다.
спáльня	침실	작업실은 침실 옆에 있다.

В этом здании двадцать **этажей**.

На каком этаже находится ваша **квартира**?

На месте старой деревни построили **многоквартирные дома**.

Откройте, пожалуйста, **дверь**!

Женщина вышла и закрыла дверь **ключом**.

У тебя есть ключ от этого **замка**?

Маша сняла куртку в **прихожей** и прошла в гостиную.

В этой гостинице длинные и широкие **коридоры**.

Мама на **кухне** готовит ужин.

Вы не подскажете, где женский **туалет**?

Сестра пошла в **ванную** принять душ.

Сын делает уроки в своей **комнате**.

Рабочий кабинет находится возле **спальни**.

кабине́т	서재	주말마다 아빠는 서재에서 일한다.
гости́ная 명	거실	우리 집에는 크고 안락한 거실이 있다.
столо́вая 명	다이닝 룸, 식당	몇몇 집들에는 부엌 외에 다이닝 룸이 있다.
де́тская 명	어린이 방	점심 후에 아이들은 잠을 자러 방으로 갔다.
кладова́я 명	창고	오래된 장난감들과 책들은 창고에 보관된다.
гардеро́бная 명	드레스룸	새 아파트에는 큰 드레스룸이 있다.
пол	바닥	쉬는 날에는 바닥 청소를 해야 한다.
потоло́к	천장	홀의 천장에는 아름다운 샹들리에가 걸려있다.
стена́	벽	나는 내 방의 벽을 칠하고 싶다.
окно́	창문	우리 고양이 바시카는 창문 밖을 보는 것을 좋아한다.
двор	마당, (아파트 단지의) 놀이터	아이들은 놀이터에서 축구를 한다.
сад	정원	할머니의 정원에 꽃들이 폈다.

По выходным папа работает у себя в **кабинете**.

В нашем доме большая и уютная **гостиная**.

В некоторых домах помимо кухни есть **столовая**.

После обеда дети пошли в **детскую** спать.

Старые игрушки и книги хранятся в **кладовой**.

В новой квартире есть большая **гардеробная**.

На выходных нужно помыть **пол**.

На **потолке** в зале висит красивая люстра.

Я хочу покрасить **стены** у себя в комнате.

Наш кот Васька любит смотреть в **окно**.

Дети играют во **дворе** в футбол.

У бабушки в **саду** распустились цветы.

газо́н	잔디밭	여름에 사람들은 공원 잔디밭에서 피크닉을 한다.
терра́са	테라스	나는 테라스에 앉아서 책 읽는 것을 좋아한다.
вера́нда	베란다	이 집에는 크고 지붕이 있는 베란다가 있다.
балко́н	발코니	나의 오래된 자전거는 발코니에 있다.
ло́джия	로지아	당신의 집에는 로지아나 발코니가 있습니까?
гара́ж	차고	아빠는 차를 차고에 세워 두었다.
ую́тный	아늑하다	당신은 매우 아늑한 집이 있군요!
дома́шний	집의, 가정의	예전에는 거의 집마다 집 전화가 있었다.
удо́бный	편리한	우리는 편안한 소파를 샀다.
све́тлый	밝은	나는 밝고 아늑한 방이 있다.
одноко́мнатный	방 한 개의	이 건물에는 원룸이 많다.
двухко́мнатный	방 두 개의	나와 친구는 투룸 아파트를 임차해 쓰고 있다.

Летом многие устраивают пикник на **газоне** в парке.

Я люблю сидеть на **террасе** и читать книги.

В этом доме есть большая крытая **веранда**.

Мой старый велосипед стоит на **балконе**.

В вашем доме есть **лоджия** или балкон?

Папа поставил машину в **гараж**.

У вас очень **уютный** дом!

Раньше почти в каждом доме был **домашний** телефон.

Мы купили очень **удобный** диван.

У меня **светлая** и уютная комната.

В этом доме много **однокомнатных** квартир.

Мы с другом снимаем **двухкомнатную** квартиру.

трёхко́мнатный	방 세 개의	그들의 가족은 방 세 개의 큰 아파트에 산다.
четырёхко́мнатный	방 네 개의	부모님은 방이 네 개인 아파트를 샀다.
пятико́мнатный	방 다섯 개의	이 방 다섯 개의 집에는 대가족이 산다.
одноэта́жный	일 층의	할머니와 할아버지는 작은 단층집에 산다.
двухэта́жный	이 층의	우리는 교외에 2층짜리 별장이 있다.
трёхэта́жный	삼 층의	우체국은 작은 3층 건물에 있다.
спать **НСВ만**	자다	여름에 우리는 가끔 테라스에서 잔다.
сиде́ть **НСВ만**	앉다	온 가족이 거실에 있는 식탁에 앉아 있었다.
стоя́ть **НСВ만**	서다, (수직 상태로) 놓여 있다	침실에는 큰 침대가 있다.
лежа́ть **НСВ만**	눕다, (수평 상태로) 놓여 있다	거실 바닥에는 아름다운 카페트가 있다.
ремонти́ровать **НСВ** отремонти́ровать **СВ**	수리하다	개인 주택은 무엇인가를 자주 수리하게 된다.

Их семья живёт в большой **трёхкомнатной** квартире.

Родители купили **четырёхкомнатную** квартиру.

В этой **пятикомнтаной** квартире живёт большая семья.

Бабушка и дедушка живут в маленьком **одноэтажном** домике.

У нас за городом есть **двухэтажная** дача.

Почта находится в небольшом **трёхэтажном** здании.

Летом мы иногда **спим** на террасе.

Вся семья **сидела** за столом в гостиной.

В спальне **стоит** большая кровать.

На полу гостиной **лежит** красивый ковёр.

В частном доме часто приходится что-нибудь **ремонтировать**.

закрыва́ть **НСВ** закры́ть **СВ**	닫다	나가실 때 문 좀 닫아주세요!
открыва́ть **НСВ** откры́ть **СВ**	열다	나는 창문을 열고 길을 바라봤다.
стро́ить **НСВ** постро́ить **СВ**	짓다, 건축하다	도심에는 새로운 다층 건물이 건축되었다.

Закрывайте за собой дверь, пожалуйста!

Я **открыла** окно и посмотрела на улицу.

В центре города **построили** новое многоэтажное здание.

Мéбель и интерьéр 가구 및 인테리어

дивáн	소파	거실에는 큰 가죽 소파가 있다.
кровáть 여	침대	여기는 따뜻한 온돌방 객실이고, 이곳에는 침대가 없습니다.
крéсло	안락의자, 1인용 소파	편안한 안락의자에 앉아 재미있는 책을 읽는 것이 얼마나 좋은지.
стол	식탁, 책상	이 오래된 식탁은 우리 부모님이 젊었을 때에 구매했다.
стул	의자	이 식당에는 의자가 없고, 여기에서는 바닥에 앉는다.
шкаф	옷장, 책장	자개로 된 한국 전통 옷장은 매우 아름답다.
комóд	서랍장	할머니의 서랍장 위에는 우리 가족 모두의 사진이 있는 액자들이 있다.
пóлка	선반	그 책을 책꽂이에서 꺼내주세요!
зéркало	거울	현관에는 보통 큰 거울을 걸어 놓는다.
ковёр	카페트	서재 바닥에는 부드러운 페르시아 카펫이 깔려 있다.

В гостиной стоит большой кожаный **диван**.

Это номер с теплыми полами ондоль, здесь нет **кроватей**.

Как приятно сидеть в удобном **кресле** и читать интересную книгу.

Этот старый обеденный **стол** купили мои родители в молодости.

В этом ресторане нет **стульев**, здесь сидят на полу.

Трациционные корейские **шкафы** с перламутром очень красивые.

На бабушкином **комоде** стоят рамки с фотографиями всей нашей семьи.

Достань, пожалуйста, вон ту книгу с **полки**!

В прихожей обычно вешают большое **зеркало**.

На полу в кабинете лежит пушистый персидский **ковёр**.

ла́мпа	전등, 스탠드	내 방은 어두워서 책상용 램프가 필요하다.
лю́стра	샹들리에	정말 아름다운 크리스탈 샹들리에구나!
окно́	창문	이 창문은 시끄러운 길 쪽으로 나있다.
фо́рточка	환기창	환기창을 열어, 여기 너무 답답하다!
подоко́нник	창턱	창턱에는 꽃이 심겨진 화분이 있다.
занаве́ска	커튼	이 커튼은 완벽하게 빛을 차단한다.
ска́терть 여	식탁보	엄마는 항상 잔칫상에 좋아하는 식탁보를 깔았다.
покрыва́ло	침대 커버	객실 침대에는 예쁜 침대 커버가 깔끔하게 깔려있었다.
карти́на	그림, 액자	집의 입구 맞은편에는 크고 밝은 그림이 걸려있다.
насте́нные часы́ 복수만	벽시계	이 벽시계는 집들이 때 부모님이 나에게 선물해 주셨다.
насто́льные часы́ 복수만	탁상시계	네 탁상시계 중에 알람 시계가 있니?
ва́за	꽃병	아이들은 집을 뛰어다녔고 비싸고 오래된 꽃병을 깨뜨렸다.

У меня в комнате темно, мне нужна настольная **лампа**.

Какая красивая хрустальная **люстра**!

Это **окно** выходит на шумную улицу.

Открой **форточку**, здесь очень душно!

У нас на **подоконнике** стоят горшки с цветами.

Эта **занавеска** совсем не пропускает свет.

На праздничный стол мама всегда стелила свою любимую **скатерть**.

Кровать в номере была аккуратно накрыта красивым **покрывалом**.

Напротив входа в дом висит большая яркая **картина**.

Эти **настенные часы** мне подарили родители на новоселье.

У тебя в **настольных часах** есть будильник?

Дети бегали по дому и разбили дорогую старинную **вазу**.

вещь **ж**	물건	내 친구들은 집에 아름다운 물건을 많이 가지고 있다.
игру́шка	장난감	집 곳곳에 장난감을 늘어놓지 마세요!
покупа́ть **НСВ** купи́ть **СВ**	사다, 구매하다	새로운 냉장고를 삽시다. 우리 냉장고는 이미 작동이 잘 안됩니다.
меня́ть **НСВ** поменя́ть **СВ**	교체하다	우리 컴퓨터를 바꿔야겠습니다. 컴퓨터가 꽤 느려요.
слу́шать **НСВ** послу́шать **СВ**	듣다	너는 어떤 음악을 듣는 걸 좋아하니?
смотре́ть **НСВ** посмотре́ть **СВ**	보다	우리는 어제 훌륭한 드라마를 봤어!
фотографи́ровать **НСВ** сфотографи́ровать **СВ**	사진을 찍다, 촬영하다	여기서 사진을 찍어도 되나요?

В доме у моих друзей очень много красивых **вещей**.

Не разбрасывай **игрушки** по всему дому!

Давай **купим** новый холодильник, наш уже плохо работает.

Нам пора **поменять** компьютер, он слишком медленный.

Какую музыку ты любишь **слушать**?

Мы вчера **смотрели** отличный сериал!

Скажите, здесь можно **фотографировать**?

Бытова́я те́хника 가전제품

ра́дио **불변** **단수만**	라디오	내 남편은 항상 운전하면서 라디오를 듣는다.
телефо́н	전화기	그는 나에게 자신의 전화번호를 주었고 전화하라고 부탁했다.
дома́шний телефо́н	집 전화	이제 거의 아무도 집 전화를 가지고 있지 않다.
моби́льный телефо́н	휴대폰	LG는 휴대폰 생산을 포기했다.
телеви́зор	TV, 텔레비전	이 텔레비전의 화면 크기는 몇입니까?
холоди́льник	냉장고	우리는 냉장고 2대가 있다. 일반 냉장고와 김치 냉장고다.
компью́тер	컴퓨터	내 컴퓨터는 완전히 낡았다. 바꿀 때가 됐다.
ноутбу́к	노트북	이 노트북은 나한테 잘 맞는다. 꽤 성능이 좋고 가볍다.
декстóп	데스크탑	나는 사무실에서만 데스크탑을 사용한다. 집에는 노트북이 있다.
ксе́рокс	복사기	우리 사무실의 복사기가 고장나서 고쳐야 한다.

Мой муж всегда слушает **радио** за рулём.

Он дал мне свой номер **телефона** и попросил позвонить.

Сейчас почти ни у кого нет **домашнего телефона**.

Компания LG отказалась от производства **мобильных телефонов**.

Какой размер экрана у этого **телевизора**?

У нас два **холодильника** - обычный и для кимчи.

Мой **компьютер** совсем устарел, пора менять.

Этот **ноутбук** мне подходит, он достаточно мощный и лёгкий.

Я пользуюсь **десктопом** только в офисе, дома у меня есть ноутбук.

У нас в офисе сломался **ксерокс**, надо его починить.

фотоаппара́т 또는 ка́мера	사진기, 카메라	나는 카메라를 가져본 적이 없고, 스마트폰에 있는 카메라 뿐이다.
видеока́мера	캠코더	우리 부모님은 기념일과 생일을 캠코더로 촬영했다.
стира́льная маши́на	세탁기	이 세탁기는 물을 데우는 기능이 있다.
посудомо́ечная маши́на	식기세척기	식기세척기는 사용하기 매우 쉽다.
пылесо́с	진공청소기	이 무선청소기는 매우 편리하다.
очисти́тель во́здуха 🚹	공기청정기	요즘 모든 주민들이 공기청정기를 사용한다.
увлажни́тель во́здуха 🚹	가습기	한국에서는 겨울에 가습기가 반드시 필요하다.
ми́ксер	믹서기	당신은 이 파이를 만들기 위해 믹서가 필요하지 않다.
измельчи́тель 🚹	분쇄기	김치를 만들 때, 분쇄기는 매우 유용하다.
кофемаши́на	커피머신	커피머신은 매우 향기롭고 맛있는 커피를 만든다.
кофемо́лка	커피 그라인더, 커피 분쇄기	이 커피 분쇄기에 견과류를 갈 수 있습니까?

У меня никогда не было **фотоаппарата**, только камера в смартфоне.

Мои родители снимали праздники и дни рождения на **видеокамеру**.

У этой **стиральной машины** есть функция нагрева воды.

Посудомоечной машиной очень легко пользоваться.

Этот беспроводной **пылесос** очень удобный.

В последнее время все городские жители пользуются **очистителями воздуха**.

В Корее зимой обязательно нужен **увлажнитель воздуха**.

Для приготовления этого пирога вам не нужен **миксер**.

Во время приготовления кимчи **измельчитель** очень полезен.

Наша **кофемашина** делает очень ароматный и вкусный кофе.

На этой **кофемолке** можно молоть орехи?

кофева́рка	커피메이커	당신은 어떤 커피메이커를 사고 싶으세요. 제가 추천해 드릴까요?
электри́ческий ча́йник	전기 포트	걱정하지 마세요. 전기 포트는 자동으로 꺼질 거예요.
га́зовая плита́	가스레인지	이것은 정말 안전한 가스레인지이다.
индукцио́нная плита́	인덕션	인덕션은 켜져 있을 때에도 가열되지 않는다.
духо́вка	오븐	나는 파이 굽는 것을 좋아하기 때문에 오븐이 꼭 필요하다.
микроволно́вая печь (микроволно́вка)	전자레인지	내 남편은 항상 전자레인지에 음식을 데운다.
утю́г	다리미	너는 다리미를 어떻게 쓰는지 전혀 모르는구나!
выпрями́тель для воло́с 남	고데기	어렸을 때 내 여동생은 고데기로 머리카락을 태웠다.
массажёр	마사지기	새해에 우리는 부모님께 좋은 안마기를 선물해드렸다.
фен	헤어드라이기	나는 매일 드라이기를 사용한다.
кондиционе́р	에어컨	우리는 에어컨이 있는 방을 예약했다.

Какую **кофеварку** вы хотите купить, давайте я вам подскажу?

Не беспокойтесь, **электрический чайник** выключится автоматически.

Это совершенно безопасная **газовая плита**.

Индукционная плита не нагревается, даже когда включена.

Мне обязательно нужна **духовка**, потому что я люблю печь пироги.

Мой муж всегда разогревает еду в **микроволновке**.

Ты совершенно не умеешь пользоваться **утюгом**!

В детстве моя сестра сожгла волосы **выпрямителем**.

На Новый год мы подарили родителям хороший **массажёр**.

Я пользуюсь **феном** каждый день.

Мы забронировали номер с **кондиционером**.

обогрева́тель 😊	난방기	난로를 틀어주세요, 방이 매우 춥네요!
электроодея́ло	전기장판	선선한 가을날에 전기장판 위에서 자는 것은 매우 포근하다.
прое́ктор	빔 프로젝터	노트북을 프로젝터에 연결하고 화면에 프레젠테이션을 보여주세요.
включа́ть НСВ включи́ть СВ	켜다	텔레비전을 켜줘, 드라마가 벌써 시작했어!
выключа́ть НСВ вы́ключить СВ	끄다	사용 후에는 다리미를 끄는 것을 잊지 마!
звони́ть НСВ позвони́ть СВ	전화하다	오늘 나에게 오랫동안 보지 못한 옛 친구로부터 전화가 왔다.
закрыва́ть НСВ закры́ть СВ	닫다	너 정말로 현관문을 닫았니?
открыва́ть НСВ откры́ть СВ	열다	우리 고양이는 냉장고 문을 여는 법을 배웠다.

Включите **обогреватель**, в комнате очень холодно!

В прохладные осенние дни спать на **электроодеяле** очень уютно.

Подключите ваш ноутбук к **проектору** и покажите презентацию на экране.

Включи телевизор, сериал уже начинается!

Не забудь **выключить** утюг после использования!

Мне сегодня **позвонила** старая подруга, с которой мы давно не виделись.

Ты точно **закрыл** входную дверь?

Наш кот научился **открывать** дверцу холодильника.

Одéжда, óбувь, аксессуáры

одéжда	의복, 옷	너는 보통 옷을 어디서 사니?
жéнский	여성의	1층에는 여성복 매장이 있다.
мужскóй	남성의	남성복은 어디서 살 수 있습니까?
плáтье	원피스, 드레스	나는 봄과 여름에 원피스를 입는 것을 좋아한다.
ю́бка	치마	이 치마는 너무 짧아!
блýзка	블라우스	그녀는 레이스가 달린 실크 블라우스를 입고 있었다.
рубáшка	셔츠	새 하얀색 셔츠를 다려야 한다.
костю́м	정장, 복장, 양복	극장에는 남자들이 어두운색 정장을 입고 다닌다.
спортúвный костю́м	운동복	나는 새 러닝용 운동복을 샀다.
брю́ки **복수만**	바지	오빠는 검정색 바지와 셔츠를 입고 시험을 보러 갔다.
ремéнь **남**	벨트	우리는 아버지에게 가죽 벨트를 선물했다.

의복, 신발, 악세서리

Где ты обычно покупаешь **одежду**?

На первом этаже находится магазин **женской** одежды.

Где я могу купить **мужскую** одежду?

Весной и летом я люблю носить **платья**.

Эта **юбка** очень короткая!

Она была в шёлковой **блузке** с кружевом.

Надо погладить новую белую **рубашку**.

В театр мужчины надевают тёмный **костюм**.

Я купила новый **спортивный костюм** для бега.

Брат надел на экзамен чёрные **брюки** и рубашку.

Мы подарили папе кожаный **ремень**.

га́лстук	넥타이	너는 넥타이를 맬 수 있니?
жиле́т	조끼	따뜻한 날씨에는 니트 대신에 조끼를 입으면 된다.
кардига́н	카디건	나는 단추가 달린 가벼운 카디건을 좋아한다.
ко́фта	니트	이 치마에는 어떤 니트를 입을까?
сви́тер	스웨터	할머니는 나에게 따뜻한 스웨터를 짜 주셨다.
пуло́вер	풀오버	나는 보통 청바지와 가벼운 풀오버를 입고 학교에 다닌다.
свитшо́т	맨투맨	이 가게는 다양한 맨투맨과 후드티가 있다.
толсто́вка	후드티	내 친구는 항상 후드티를 입는다.
футбо́лка	티셔츠	나는 티셔츠와 반바지를 입고 운동을 한다.
джи́нсы **복수만**	청바지	청바지는 가장 인기있는 의류다.
шо́рты **복수만**	반바지	여름에는 많은 사람들이 짧은 반바지를 입고 다닌다.

Ты умеешь завязывать **галстук**?

В тёплую погоду можно надеть **жилет** вместо кофты.

Мне нравятся лёгкие **кардиганы** на пуговицах.

Какую **кофту** надеть с этой юбкой?

Бабушка связала мне тёплый **свитер**.

В университет я обычно надеваю джинсы и лёгкий **пуловер**.

В этом магазине большой выбор **свитшотов** и толстовок.

Мой друг всегда носит **толстовки** с капюшоном.

Я занимаюсь спортом в **футболке** и шортах.

Джинсы являются самым популярным предметом одежды.

Летом многие ходят в коротких **шортах**.

ку́ртка	점퍼	어머니는 아이에게 가벼운 가을 점퍼를 사주었다.
плащ	트렌치 코트	그는 트렌치 코트를 입고 밖에 나갔다.
пальто́	코트	네 코트가 너무 얇아. 추울 수도 있겠어!
пиджа́к	재킷	은행 직원은 회색 재킷에 넥타이를 메고 있었다.
жаке́т	재킷	너한테 이 짧은 재킷이 정말 잘 어울려!
ветро́вка	바람막이	밖에 바람이 세게 불어. 바람막이를 걸쳐.
пухови́к	패딩	이 롱패딩은 아주 따뜻하다.
шу́ба	모피 코트	요즘 에코퍼 코트가 인기가 많다.
ша́пка	모자	외국인들은 러시아에서 기념품으로 모자를 자주 산다.
капюшо́н	후드	나는 보통 모자 대신에 후드 점퍼를 입는다.
шарф	목도리, 스카프	겨울에는 모자와 목도리를 해야 한다.

Мама купила ребёнку легкую осеннюю **куртку**.

Он надел **плащ** и вышел на улицу.

Твоё **пальто** очень тонкое. Ты можешь замёрзнуть!

Работник банка был в сером **пиджаке** и галстуке.

Тебе очень идёт этот короткий **жакет**!

На улице сильный ветер. Накинь **ветровку**.

В этом длинном **пуховике** очень тепло.

В последнее время очень популярны **шубы** из эко-меха.

В России иностранцы часто в качестве сувенира покупают **шапки**.

Обычно я надеваю **капюшон** куртки вместо шапки.

Зимой нужно носить шапку и **шарф**.

платóк	스카프	아가씨는 목에 실크 스카프를 묶었다.
óбувь 여 단수만	신발	당신의 신발 사이즈는 몇 입니까?
сапоги́ [단 сапóг]	부츠	롱부츠는 치마와 잘 어울린다.
ту́фли [복생 ту́фель, 단 ту́фля]	구두	새 구두가 어디 꽉 끼지는 않습니까?
ту́фли на каблуке́	하이힐	이 하이힐은 아주 불편하다.
бале́тки [단 бале́тка]	플랫 슈즈	나는 힐이 없는 가벼운 플랫 슈즈를 신는 것을 좋아한다.
боти́нки [단 боти́нок]	단화	나는 비가 오는 날에 단화나 레인부츠를 신는다.
ботильóны [단 ботильóн]	앵클부츠	나는 가을 앵클부츠를 사야 한다.
босонóжки [단 босонóжка]	여성용 샌들	굽이 낮은 여성용 샌들을 보여 주세요.
санда́лии [단 санда́лия]	샌들	나는 여름에 신을 샌들 여러 켤레를 샀다.
та́почки [단 та́почка]	실내화, 거실화	나는 집에서 실내화를 신고 다닌다.

Девушка повязала на шею шёлковый **платок**.

Какой у вас размер **обуви**?

Высокие **сапоги** хорошо смотрятся с юбкой.

Новые **туфли** нигде не жмут?

Эти **туфли на каблуке** очень неудобные.

Я люблю носить лёгкие **балетки** без каблука.

В дождливую погоду я ношу **ботинки** или резиновые сапоги.

Мне нужно купить осенние **ботильоны**.

Покажите, пожалуйста, **босоножки** на низком каблуке.

На лето я купила несколько пар **сандалий**.

Дома я хожу в **тапочках**.

шлёпанцы [한 шлёпанец]	슬리퍼	슬리퍼를 챙겨서 바닷가에 가야 한다.
кроссовки [한 кроссовка]	운동화	좋은 러닝용 운동화를 고르도록 도와주세요.
сникерсы 복수만	스니커즈	스니커즈는 편하고 멋진 운동화다.
колготки 복수만	팬티스타킹	얇은 팬티스타킹은 자주 찢어진다.
чулки [한 чулок]	스타킹	이 원피스에는 스타킹을 신을 수 있다.
носки [한 носок]	양말	남성 양말은 정장 색상에 맞게 선택한다.
подследники [한 подследник]	덧신	구두에 신을 수 있는 덧신 몇 켤레를 사야 한다.
зонт	우산	우산 챙겨가. 오늘 비가 올 거야.
сумка	가방	가방에 무엇이 들어 있습니까?
клатч	클러치 백	이 이브닝 드레스에는 작은 클러치 백이 잘 어울리겠다.
портфель 남	서류가방	아버지는 모든 서류를 가방에 넣고 다닌다.

Надо взять с собой **шлёпанцы** на пляж.

Помогите, пожалуйста, выбрать хорошие **кроссовки** для бега.

Сникерсы — это удобная и стильная спортивная обувь.

Тонкие **колготки** часто рвутся.

Под это платье можно надеть **чулки**.

Мужские **носки** подбирают под цвет костюма.

Мне нужно купить несколько пар **подследников** под туфли.

Возьми с собой **зонт**. Сегодня будет дождь.

Что лежит у вас в **сумке**?

К этому вечернему платью подойдёт небольшой **клатч**.

Папа носит все свои документы в **портфеле**.

рюкзáк	배낭, 책가방	소녀는 책가방을 매고 학교에 갔다.
кошелёк	지갑	지갑에 50루블만 남았다.
украшéние	액세서리	너는 은으로 만든 액세서리를 좋아하니?
сéрьги [복 серьгá]	귀걸이	여자는 아름다운 금귀걸이를 하고 있었다.
цепóчка	목걸이, 체인	나는 생일 때 펜던트 목걸이를 선물로 받았다.
кольé	보석 목걸이	그녀는 목에 비싼 다이아몬드 목걸이를 했다.
кулóн	펜던트	소년은 소녀에게 하트 모양의 펜던트를 선물했다.
браслéт	팔찌	오른손에 팔찌를 채우는 것을 도와주세요.
кольцó	반지	결혼 반지는 약지에 낀다.
часы́ 복수만	시계	시계는 보통 왼손에 찬다.
брошь 여	브로치	할머니는 원피스에 작은 브로치를 꽂았다.
закóлка	머리핀	마샤는 작은 머리핀으로 머리를 고정했다.

Девочка надела **рюкзак** и пошла в школу.

В **кошельке** осталось всего пятьдесят рублей.

Тебе нравятся серебряные **украшения**?

У девушки в ушах были красивые золотые **серьги**.

На день рождения мне подарили **цепочку** с кулоном.

На шею она надела дорогое бриллиантовое **колье**.

Мальчик подарил девочке **кулон** в виде сердца.

Помоги мне, пожалуйста, застегнуть **браслет** на правой руке.

Обручальное **кольцо** носят на безымянном пальце.

Часы обычно носят на левой руке.

Бабушка приколола на платье маленькую **брошь**.

Маша закрепила причёску небольшой **заколкой**.

резинка для волос	머리끈	나는 머리끈으로 포니테일을 높이 묶었다.
выбирать НСВ выбрать СВ	고르다, 선택하다	웨딩드레스를 고르는 것은 얼마나 어렵습니까!
менять НСВ поменять СВ	교환하다, 바꾸다	친구는 거의 매일 가방을 바꾼다.
покупать НСВ купить СВ	사다, 구매하다	이렇게 예쁜 재킷을 어디에서 샀니?
надевать НСВ надеть СВ	입다	파티에 무엇을 입으면 좋을까?
одевать НСВ одеть СВ	입히다	엄마는 딸에게 예쁜 원피스를 입혔다.
одеваться НСВ одеться СВ	옷을 입다	아이들은 빠르게 옷을 입고 마당으로 뛰어갔다.
обуваться НСВ обуться СВ	신다	아이는 아직 스스로 신발을 신을 줄 모른다.
дарить НСВ подарить СВ	선물하다	부모님은 내 생일에 휴대폰을 선물해 주시기로 약속했다.
идти НСВ пойти СВ	어울리다	노란색이 아주 잘 어울리네요!
современный	현대적인	언니는 현대 패션을 잘 알고 있다.

Я завязала высокий хвост **резинкой для волос**.

Как трудно **выбирать** свадебное платье!

Подруга почти каждый день **меняет** сумки.

Где ты **купила** такую красивую кофту?

Что бы мне **надеть** на вечеринку?

Мама **одела** дочку в красивое платье.

Ребята быстро **оделись** и побежали во двор.

Ребёнок ещё не умеет сам **обуваться**.

Родители обещали **подарить** мне телефон на день рождения.

Вам очень **идёт** жёлтый цвет!

Сестра хорошо разбирается в **современной** моде.

мо́дный	유행하는	배우는 유명 브랜드의 유행하는 정장을 입고 있었다.
старомо́дный	예스러운, 구식의	시장에서 옛날 스타일의 옷을 판다.
спорти́вный	스포츠의, 체육의, 운동의	형은 운동복이 많다.
элега́нтный	우아한	모든 관객들은 우아한 옷을 입고 있었다.
краси́вый	예쁜, 아름다운	요즘 가게에 예쁜 옷이 아주 많다.
ле́тний	여름의	여름 민소매 원피스를 입은 소녀들이 공원을 산책하고 있었다.
зи́мний	겨울의	나는 봄에 겨울 옷을 창고에 정리한다.
лёгкий	가벼운	그렇게 가벼운 점퍼를 입으면 얼어버릴걸!
тяжёлый	무거운	이 두꺼운 겨울 패딩은 전혀 무겁지 않다.
у́зкий	좁은	나는 너무 스키니한 바지를 좋아하지 않는다.
широ́кий	넓은	이 오버사이즈 티셔츠를 입고 잠자면 편하다.

На актёре был **модный** костюм известного бренда.

На рынке продают **старомодную** одежду.

У моего брата много **спортивной** одежды.

Все зрители были в **элегантных** нарядах.

Сейчас в магазинах очень много **красивой** одежды.

В парке гуляли девочки в **летних** сарафанах.

Весной я убираю **зимнюю** одежду в кладовую.

Ты замёрзнешь в такой **лёгкой** куртке!

Этот толстый зимний пуховик совсем не **тяжёлый**.

Я не люблю слишком **узкие** джинсы.

В этой **широкой** футболке удобно спать.

све́тлый	밝은	밝은 옷은 색깔 옷과 같이 세탁하면 안 된다.
тёмный	어두운	이 밝은 블라우스는 어두운색 바지와 잘 어울린다.
дли́нный	긴	긴팔 셔츠가 있습니까?
коро́ткий	짧은	짧은 반바지를 입고 출근하면 안 된다.

Светлые вещи нельзя стирать с цветными.

Эта светлая блузка хорошо подойдёт к **тёмным** брюкам.

У вас есть рубашки с **длинными** рукавами?

На работу нельзя ходить в **коротких** шортах.

Космéтика, гигиéна 화장품, 위생용품

мóющее срéдство	세제	세제는 따뜻한 물로 잘 씻어내야 한다.
мы́ло	비누	밖에서 들어오면 손을 비누로 꼭 씻으세요.
шампýнь 남	샴푸	너는 어떤 샴푸로 머리를 감니?
кондиционéр	린스	린스는 머리카락을 매끄럽고 부드럽게 한다.
мáска для волóс	헤어팩	나는 일주일에 한 번 헤어팩을 한다.
гель для дýша 남	바디워시	나는 과일향 바디워시를 쓴다.
пéнка для умывáния	클렌징폼	이 클렌징폼은 모든 피부 타입에 적합하다.
скраб	스크럽	스크럽은 각질 제거를 위해 사용한다.
мочáлка	때수건, 샤워타월	샤워타월을 매일 사용하는 것은 피부에 해롭다.
гýбка	스펀지	스펀지는 매우 부드럽고 거품이 잘 난다.

Моющее средство нужно хорошо смыть тёплой водой.

После улицы обязательно мойте руки с **мылом**.

Каким **шампунем** ты моешь голову?

Кондиционер делает волосы гладкими и послушными.

Раз в неделю я делаю **маску для волос**.

Я пользуюсь **гелем для душа** с фруктовым ароматом.

Эта очищающая **пенка для умывания** подходит всем типам кожи.

Скраб используют для отшелушивания кожи.

Пользоваться **мочалкой** каждый день вредно для кожи.

Эта **губка** очень мягкая и хорошо пенится.

щётка	솔, 브러쉬	샤워용 브러쉬로 씻는 것이 편리하고 좋다.
зубна́я щётка	칫솔	나는 항상 칫솔과 치약을 갖고 다닌다.
зубна́я па́ста	치약	치약이 다 떨어졌다.
пе́на для бритья́	면도용 무스	남자는 거울 앞에서 서서 뺨에 면도용 무스를 발랐다.
бри́тва	면도기	아버지는 항상 전기면도기로 면도를 한다.
ухо́довая косме́тика	스킨케어, 기초 화장품	좋은 기초 화장품을 선택하는 것이 가장 중요하다.
то́ник	토너	화장 솜으로 얼굴에 토너를 발라주세요.
лосьо́н	로션	이 로션은 피부에 수분과 영양을 잘 공급한다.
молочко́	클렌징 밀크	세수하기 전에 클렌징 밀크로 화장을 지워야 한다.
крем для рук	핸드크림	핸드크림이 있니?
крем для глаз	아이크림	주름 방지를 위해 매일 아이크림을 발라주세요.

Мыться **щёткой** для душа удобно и приятно.

Я всегда ношу с собой **зубную щётку** и тюбик пасты.

У нас закончилась **зубная паста**.

Мужчина встал перед зеркалом и нанёс на щёки **пену для бритья**.

Папа всегда бреется электрической **бритвой**.

Очень важно выбирать хорошую **уходовую косметику**.

Нанесите на лицо **тоник** ватным диском.

Этот **лосьон** хорошо увлажняет и питает кожу лица.

Перед умыванием нужно снять макияж **молочком**.

У тебя нет с собой **крема для рук**?

Каждый день наносите **крем для глаз** против морщин.

крем для лица́	페이스 크림	좋은 수분 크림을 추천해 주시겠습니까?
молочко́ для те́ла	바디밀크	나는 샤워 후에 바디밀크를 사용한다.
сы́воротка	세럼	많은 여성들이 노화 방지 세럼을 사용한다.
эссе́нция	에센스	에센스는 얼굴에 손으로 바르면 좋다.
ма́ска	마스크, 팩	당신은 마스크 팩을 얼마나 자주 합니까?
декорати́вная косме́тика	색조화장품	우리 언니는 색조화장품을 쓰지 않는다.
тона́льный крем	파운데이션	파운데이션을 살 때 맞는 색상을 선택하는 것이 중요하다.
кушо́н	쿠션 파운데이션	나는 일반 파운데이션보다 쿠션을 선호한다.
пу́дра	파우더	나가기 전에 여자는 얼굴에 파우더를 발랐다.
румя́на 복수만	블러셔	뺨에 핑크 블러셔를 바르면 된다.
те́ни для век 복수만	아이섀도	당신한테는 어두운 색상의 아이섀도가 잘 어울리겠어요.

Вы не могли бы посоветовать хороший увлажняющий **крем для лица**?

После душа я пользуюсь **молочком для тела**.

Многие женщины используют омолаживающие **сыворотки**.

Эссенцию на лицо лучше наносить руками.

Как часто вы делаете **маски** для лица?

Моя сестра не пользуется **декоративной косметикой**.

При покупке **тонального крема** важно правильно подобрать оттенок.

Вместо обычного тонального крема я предпочитаю **кушон**.

Перед выходом женщина нанесла на лицо **пудру**.

На щёки можно наложить розовые **румяна**.

Вам подойдут тёмные оттенки **теней для век**.

тушь для ресни́ц **сж**	마스카라	아나는 보통 검정색 마스카라만 칠한다.
подво́дка	아이라이너	이 얇은 아이라이너로 아이라인을 그리기가 편리하다.
каранда́ш для брове́й	브로우펜슬	나는 브로우펜슬로 가볍게 눈썹을 그린다.
губна́я пома́да	립스틱	짙은 색 립스틱을 바르고 학교에 가면 안 된다.
блеск для губ	립글로스	이 핑크색 립글로스는 젊은 여성들에게 잘 어울린다.
мыть **НСВ** вы́мыть **СВ**	씻다, 씻기다	아이들은 강에서 발을 씻었다.
мы́ться **НСВ** помы́ться **СВ**	씻다	우리 가족은 한 달에 한 번 목욕하러 목욕탕에 간다.
купа́ться **НСВ** искупа́ться **СВ**	목욕하다, 씻다	주말에 우리는 호수에 수영하러 간다.
принима́ть **НСВ** приня́ть **СВ** душ	샤워하다	힘든 하루가 끝난 후 따뜻한 샤워를 하면 상쾌하다.
умыва́ться **НСВ** умы́ться **СВ**	세수하다	나는 아침에 차가운 물로 세수한다.

Аня обычно красит только чёрную **тушь для ресниц**.

Этой тонкой **подводкой** удобно рисовать стрелки на глазах.

Брови я слегка подкрашиваю **карандашом для бровей**.

В школу нельзя красить яркую **губную помаду**.

Этот розовый **блеск для губ** подойдёт молодым девушкам.

Ребята **мыли** ноги в реке.

Раз в месяц наша семья ходит **мыться** в баню.

На выходных мы поедем на озеро **купаться**.

После тяжёлого рабочего дня приятно **принять** горячий **душ**.

По утрам я **умываюсь** холодной водой.

чи́стить **НСВ** почи́стить **СВ**	닦다	아이들은 자기 전에 세수를 하고 이를 닦는다.
де́лать **НСВ** сде́лать **СВ** макия́ж	화장하다	여자들은 예쁘게 화장을 하고 파티에 갔다.
кра́ситься **НСВ** накра́ситься **СВ**	화장하다	매일 아침마다 언니는 거울 앞에서 화장을 한다.
снима́ть **НСВ** снять **СВ**	지우다	눈 화장을 꼼꼼하게 지워야 한다.
бри́ться **НСВ** побри́ться **СВ**	면도하다	그는 일주일에 여러 번 면도를 한다.
стри́чься **НСВ** постри́чься **СВ**	머리를 깎다	러시아에서 거의 모든 남자들이 머리를 짧게 자른다.

Перед сном дети умываются и **чистят** зубы.

Девушки **сделали** красивый **макияж** и пошли на вечеринку.

Каждое утро сестра **красится** перед зеркалом.

С глаз макияж нужно **снимать** аккуратно.

Он **бреется** несколько раз в неделю.

В России почти все мужчины **стригутся** коротко.

Человек и общество

인간과 사회

Хара́ктер, чу́вства, оце́нка собесе́дника
성격, 감정, 상대방의 평가

Госуда́рство, ме́сто жи́тельства, гражда́нство, язы́к
국가, 거주지, 국적, 언어

Семья́, ро́дственники, друзья́
가족, 친척, 친구

Хара́ктер, чу́вства, оце́нка собесе́дника

внима́ние	주의	그의 어리석은 농담은 신경 쓰지 마세요!
интере́с	관심	나는 어렸을 때부터 음악에 큰 관심이 있었다.
мечта́	꿈	모든 사람은 꿈이 있어야 된다.
шу́тка	농담	그는 항상 재미있는 농담을 많이 한다.
ю́мор **단수만**	유머	나는 유머 감각이 뛰어난 사람이 좋다.
наде́жда	희망	희망을 잃지 마세요, 다 잘 될 거예요!
дру́жба	우정	소년들 사이에는 진정한 우정이 있었다.
любо́вь **여**	사랑	내 첫사랑은 학창시절 때 있었다.
не́нависть **여**	증오, 혐오	사랑에서 증오까지 한 걸음이다.
симпа́тия	호감	이 사랑스러운 여자는 모든 사람에게 호감을 준다.
неприя́знь **여**	원망, 불쾌	뱀의 모습은 강한 불쾌감을 불러일으킨다.
ра́дость **여**	기쁨	제가 기꺼이 도와드리겠습니다!

성격, 감정, 상대방의 평가

Не обращайте **внимания** на его глупые шутки!

Я с детства проявлял большой **интерес** к музыке.

У каждого человека должна быть **мечта**.

Он всегда рассказывает много смешных **шуток**.

Мне нравятся люди с хорошим чувством **юмора**.

Не теряйте **надежду**, всё будет хорошо!

Между мальчиками была настоящая **дружба**.

Первая **любовь** у меня была в школе.

От любви до **ненависти** — один шаг.

Эта милая девушка у всех вызывает **симпатию**.

Вид змей вызывает сильную **неприязнь**.

Я с большой **радостью** помогу вам!

сча́стье	행복	연인들은 항상 행복이 넘친다.
несча́стье	불행	이 사람에게 큰 불행이 닥쳤다.
до́брый	선한, 착한, 인정 있는	그는 아주 착한 사람이어서 항상 나를 도와 주었다.
злой	독한, 악의를 가진	동화에는 항상 악한 마법사가 등장한다.
акти́вный	적극적인	사샤는 가장 적극적인 토론 참여자였다.
внима́тельный	주의 깊은, 정중한	남자는 배려가 많고 정중해야 한다.
весёлый	즐거운, 유쾌한	예술가들은 아주 유쾌하고 재미있는 사람들이다.
гру́стный	슬픈	무슨 일이야? 너 왜 이렇게 슬퍼하니?
культу́рный	교양 있는	예의 바르고 교양 있는 사람이 되어야 한다.
си́льный	강한, 힘센	이처럼 복잡한 상황에 강한 성격을 가져야 한다.
счастли́вый	행복한	오늘은 내 인생에서 가장 행복한 날이었다.

Влюблённых всегда переполняет **счастье**.

С этим человеком случилось большое **несчастье**.

Он был очень **добрым** человеком и всегда помогал мне.

В сказках всегда есть **злой** волшебник.

Саша был самым **активным** участником дискуссии.

Мужчина должен быть заботливым и **внимательным**.

Артисты очень **весёлые** и интересные люди.

Что случилось? Почему ты такой **грустный**?

Нужно быть воспитанным и **культурным** человеком.

В таком сложном деле нужно иметь **сильный** характер.

Сегодня был самый **счастливый** день в моей жизни.

споко́йный	고요한, 차분한	우리 이웃은 차분하고 조용한 사람들이다.
че́стный	정직한, 성실한	미샤는 절대 거짓말을 하지 않는다. 그는 정직한 사람이다.
сме́лый	용감한	용감한 사람만 그런 일을 할 수 있다.
энерги́чный	정력적인, 활동적인	우리 할아버지는 나이가 많지만 매우 활동적이다.
вели́кий	위대한	알베르트 아인슈타인은 위대한 학자였다.
удиви́тельный	놀라운, 신기한	나는 이 놀라운 여자를 잊을 수 없다.
у́мный	똑똑한	전국에서 가장 똑똑한 아이들이 대회에 참가한다.
глу́пый	멍청한, 어리석은	젊은 시절 나는 어리석었고 실수를 많이 했다.
тала́нтливый	재능 있는	드미트리는 젊고 재능있는 화가였다.
серьёзный	신중한	아들은 이제 신중한 어른이 되어야 할 때다.
о́пытный	경험 있는, 능숙한	결승전에는 능숙한 축구선수들만 출전 했다.

У нас **спокойные** и тихие соседи.

Миша никогда не врёт. Он **честный** человек.

Только **смелые** люди способны на такой поступок!

Наш дедушка пожилой, но очень **энергичный**.

Альберт Эйнштейн был **великим** учёным.

Я не могу забыть эту **удивительную** девушку!

В конкурсе участвуют самые **умные** дети страны.

В молодости я был **глупым** и совершал много ошибок.

Дмитрий был молодым **талантливым** художником.

Сыну уже пора становиться **серьёзным** взрослым человеком.

В финале играли только **опытные** футболисты.

интере́сный	재미있는	재미있는 사람과 대화하는 것은 유쾌하다.
молоде́ц 명	잘했다!	이라, 잘했어! 너 글을 아주 잘 썼구나.
хоро́ший	좋은	세상에는 좋은 사람이 매우 많다.
плохо́й	나쁜	이 나쁜 사람과는 사귀지 마라!
лу́чший	더 좋은, 가장 좋은, 최고의	꼴랴는 같은 반 친구이면서 가장 좋은 친구다.
замеча́тельный	훌륭한	이 연극에는 훌륭한 배우들이 많이 나온다.
прекра́сный	아름다운	어제 나는 아름다운 여자를 봤고 곧바로 사랑에 빠졌다.
обы́чный	보통의	가수들도 자신의 문제와 걱정이 있는 보통 사람이다.
обыкнове́нный	보통의, 평범한	평균 키의 평범한 남자가 방에 앉아 있었다.
свобо́дный	자유로운, 여분의	나는 한가한 시간이 전혀 없다.
за́нят 형단	바쁘다	제가 오늘 바빠요. 내일 이야기합시다.

Приятно беседовать с **интересным** человеком.

Молодец, Ира! Ты очень хорошо написала сочинение.

На свете очень много **хороших** людей.

Не общайся с этим **плохим** человеком!

Коля — мой одноклассник и **лучший** друг.

В этом спектакле играет много **замечательных** актёров.

Вчера я увидел **прекрасную** девушку и сразу влюбился в неё.

Певцы тоже **обычные** люди со своими проблемами и заботами.

В комнате сидел **обыкновенный** человек среднего роста.

У меня совсем нет **свободного** времени.

Я сегодня **занят**. Давайте поговорим завтра.

занято́й	바쁜	그는 매우 바쁜 사람이어서 만나기가 어렵다.
люби́ть HCB полюби́ть CB	사랑하다	모든 부모들은 자신의 자녀들을 사랑한다.
нра́виться HCB понра́виться CB	좋아하다, 마음에 들다	나는 외국어를 공부하는 것을 좋아한다.
понима́ть HCB поня́ть CB	이해하다	나와 남편은 말없이 서로를 이해한다.
смея́ться HCB만	웃다	모든 사람이 그의 농담에 웃었다.
улыба́ться HCB улыбну́ться CB	미소짓다	소녀는 반갑게 미소를 짓고 우리에게 손을 흔들었다.
ду́мать HCB поду́мать CB + о чём(6)	생각하다	당신은 현대 음악에 대해서 어떻게 생각합니까?
вспомина́ть HCB вспо́мнить CB	기억나다, 생각해내다	할머니와 할아버지는 젊은 시절을 자주 떠올린다.
по́мнить HCB만	기억하다	당신은 첫 번째 선생님의 이름을 기억합니까?
забыва́ть HCB забы́ть CB + о чём(6)	잊다	여권을 가지고 가는 것을 잊지 마세요!

Он очень **занятой** человек, с ним трудно встретиться.

Все родители **любят** своих детей.

Мне **нравится** изучать иностранные языки.

Мы с мужем **понимаем** друг друга без слов.

Все **смеялись** над его шутками.

Девочка радостно **улыбнулась** и помахала нам рукой.

Что вы **думаете** о современной музыке?

Бабушка и дедушка часто **вспоминают** молодость.

Вы **помните** имя своего первого учителя?

Не **забудьте** взять с собой паспорт!

замеча́ть НСВ заме́тить СВ	알아채다, 의식하다	나는 아주 조용히 들어갔고, 아무도 나를 알아채지 못했다.
мечта́ть **НСВ만** + о чём(6)	꿈꾸다	너는 어렸을 때 뭐가 되고 싶었니?
наде́яться **НСВ만** + на что(4)	희망하다, 바라다	당신의 빠른 회복을 기원합니다!
интересова́ться **НСВ만** + чем(5)	궁금하다	요즘 젊은 사람들은 정치에 관심이 거의 없다.
уважа́ть **НСВ만**	존경하다	다른 민족의 문화와 전통을 존중해야 한다.
цени́ть НСВ оцени́ть СВ	아끼다, 높이 평가하다	이 직원은 지능과 성실함으로 높이 평가받고 있다.
шути́ть НСВ пошути́ть СВ	농담하다	우리 형은 장난치고 농담하는 것을 좋아한다.
хоте́ть **НСВ만**	원하다	아들은 학교에 가기 싫어한다.
мочь НСВ смочь СВ	할 수 있다	문제를 푸는 것 좀 도와 줄 수 있니?
до́лжен, должна́, должны́ + инф	해야 한다	학생은 내일까지 보고서를 써야 한다.

Я вошёл очень тихо, и меня никто не **заметил**.

Кем ты **мечтала** стать в детстве?

Надеемся на ваше скорое выздоровление!

Современные молодые люди мало **интересуются** политикой.

Нужно **уважать** культуру и традиции других народов.

Этого сотрудника **ценят** за его ум и трудолюбие.

Мой брат любит веселиться и **шутить**.

Сын не **хочет** идти в школу.

Ты **можешь** помочь мне решить задачу?

Студент **должен** написать доклад до завтра.

ну́жно + инф	필요하다	겨울에 입을 새 잠바를 사야 한다.
на́до + инф	필요하다	대중교통에서는 노인들에게 자리를 양보해야 한다.
мо́жно + инф	할 수 있다, 해도 된다	책을 봐도 됩니까?
нельзя́ + инф	할 수 없다, 하면 안 된다	수업에 늦으면 안 됩니다.
интере́сно 🔵	재미있게, 재미있다	탐정 소설을 읽는 것은 아주 흥미롭다.
легко́ 🔵	쉽게, 쉽다	이 음식은 요리하기가 매우 쉽다.
тру́дно 🔵	어렵게, 어렵다	당신의 질문에 대답하기가 다소 어렵네요.
поня́тно 🔵	명료하게, 명료하다	선생님은 학생들에게 새로운 주제를 명확하게 설명했다.
ве́село 🔵	즐겁게, 즐겁다	아이들은 공원을 뛰어 다니며 즐겁게 웃었다.
гру́стно 🔵	슬프게, 슬프다	우리는 친구들과 헤어지는 것이 슬펐다.
ску́чно 🔵	재미없게, 재미없다, 심심하다, 지루하다	하루 종일 같은 일을 하는 것은 지루하다.

Мне **нужно** купить новую куртку к зиме.

В общественном транспорте **надо** уступать места пожилым людям.

Можно посмотреть вашу книгу?

Нельзя опаздывать на урок!

Детективные романы очень **интересно** читать.

Это блюдо очень **легко** приготовить.

На ваш вопрос довольно **трудно** ответить.

Учитель **понятно** объяснил новую тему ученикам.

Дети бегали по парку и **весело** смеялись.

Нам было **грустно** расставаться с друзьями.

Скучно делать целый день одну и ту же работу.

споко́йно 부	조용히, 평온하게, 조용하다, 평온하다	아버지는 조용히 의자에 앉아 책을 읽었다.
осторо́жно 부	주의하여, 조심스럽게	그녀는 조심스럽게 문을 열고 불을 켰다.
жаль	안타깝다, 아깝다, 유감스럽다	나는 이 환자가 매우 안타깝다.
прия́тно 부	유쾌하게, 유쾌하다	엄마는 아이들로부터 선물을 받아 기뻐했다.
дово́лен, дово́льна, дово́льны 형단	만족하다	사장님은 협상 결과에 만족했다.
рад, ра́да, ра́ды 형단	기쁘다, 반갑다	당신을 다시 만나서 아주 반가워요!
прав, права́, пра́вы 형단	옳다, 바르다, 맞다	부모님은 항상 모든 면에서 옳다.
согла́сен, согла́сна, согла́сны 형단	찬성하다, 동의하다	우리는 당신에게 약간의 할인을 해드리기로 했다.

Папа **спокойно** сидел в кресле и читал книгу.

Она **осторожно** открыла дверь и включила свет.

Мне очень **жаль** этого больного человека.

Маме было **приятно** получить подарок от детей.

Директор был **доволен** результатом переговоров.

Мы очень **рады** видеть вас снова!

Родители всегда и во всём **правы**.

Мы **согласны** сделать вам небольшую скидку.

| по-мо́ему, по-тво́ему, по-ва́шему 🔵 | 내(네, 당신의) 생각에는, 내(네, 당신의) 방식대로 | 나는 너랑 말다툼하는 게 지겨워. 네 방식대로 하자. |

Я устала с тобой спорить. Пусть будет **по-твоему**!

Государство, место жительства,

государство	국가, 정부	대한민국은 선진 민주주의 국가다.
страна́	나라	당신은 어느 나라에서 살고 싶으세요?
граждани́н 남 гражда́нка 여	국민	모든 국민들은 선거에 참여해야 한다.
жи́тель 남 жи́тельница 여	주민	시민들은 그의 역사에 대해 우리에게 이야기했다.
гость 남 го́стья 여 [복 го́сти]	손님	우리 축제에 여러 나라에서 온 손님들이 왔다.
иностра́нец 남 иностра́нка 여	외국인	이 대학교에는 많은 외국인들이 공부하고 있다.
ви́за	비자	비자를 받기 위해 대사관에 가야 한다.
вид на жи́тельство	영주권	중국에서 온 내 친구는 러시아 영주권을 받았다.
ро́дина	고향, 모국	외국에서 유학하는 동안 나는 고향이 몹시 그리웠다.
респу́блика	공화제, 공화국	도미니카 공화국은 중앙아메리카에 있다.

гражда́нство, язы́к 국가, 거주지, 국적, 언어

Республика Корея — развитое демократическое **государство**.

В какой **стране** вы бы хотели жить?

Все **граждане** должны принимать участие в выборах.

Жители города рассказали нам о его истории.

На наш фестиваль приехали **гости** из разных стран.

В этом университете учится много **иностранцев**.

Надо сходить в посольство получить **визу**.

Мой друг из Китая получил **вид на жительство** в России.

Во время учёбы за границей я очень скучала по **родине**.

Доминиканская **Республика** находится в Центральной Америке.

на́род	민족	정부는 국민의 의견에 귀를 기울여야 한다.
о́бщество	사회, 모임	현대 사회의 가장 큰 문제는 무엇입니까?
грани́ца	국경	군인들은 자국의 국경을 견고히 지킨다.
посо́льство	대사관	대한민국 대사관이 어디에 있습니까?
госуда́рственный	국립의, 국가적, 국가의	많은 나라에서 영어는 공식 언어이다.
национа́льный	국립의, 국가적, 국가의	축제에서 모든 사람들은 자기 나라의 민속 의상을 입고 있었다.
наро́дный	민족적	어렸을 때 나는 러시아 전래동화를 읽는 것을 좋아했다.
иностра́нный	외국의	외화를 루블로 환전할 수 있는 곳은 어디입니까?
междунаро́дный	국제의	3월 8일은 세계 여성의 날이다.
власть ❹	정권, 정부, 권력	민주주의 국가에서 권력은 국민의 선택을 받는다.
демокра́тия	민주주의	언론의 자유는 민주주의의 주요 특징 중 하나이다.

Правительство должно прислушиваться к мнению **народа**.

Что является самой большой проблемой современного **общества**?

Солдаты надёжно защищают **границы** своей страны.

Где находится южнокорейское **посольство**?

Во многих странах **государственным** языком является английский.

На фестивале все были одеты в **национальные** костюмы своей страны.

В детстве я любила читать русские **народные** сказки.

Где можно обменять **иностранную** валюту на рубли?

Международный женский день отмечается восьмого марта.

В демократическом государстве **власть** выбирает народ.

Свобода слова — один из основных признаков **демократии**.

мона́рхия	군주제, 군주국	러시아에는 20세기 초까지 군주제가 있었다.
президе́нт	대통령	월요일에 러시아 대통령과 한국 대통령의 회담이 있었다.
премье́р-мини́стр	국무총리	러시아 총리의 이름은 무엇입니까?
царь 🗑 цари́ца 🗑	황제, 황후	이반 뇌제는 러시아 최초의 황제(짜르) 였다.
коро́ль 🗑 короле́ва 🗑	왕, 여왕(왕비)	왕이 죽은 후 다음 통치자는 누가 됩니까?
прави́тельство	정부	할아버지는 종종 우리 나라 정부를 비판한다.
парла́мент	국회	국회에서는 새로운 법안이 논의되고 있다.
полити́ческий	정치적, 정치의	협정 체결은 큰 정치적 의미가 있다.
депута́т	(국회, 시의회) 의원	회의에서 대의원들은 자신들의 제안을 발표했다.
вы́боры	선거	러시아에서는 6년마다 대통령 선거를 한다.

В России до начала двадцатого века была **монархия**.

В понедельник состоялась встреча **президентов** России и Южной Кореи.

Как зовут **премьер-министра** России?

Первым русским **царём** был Иван Грозный.

Кто будет следующим правителем после смерти **короля**?

Дедушка часто критикует **правительство** нашей страны.

В **парламенте** обсуждают новый законопроект.

Подписание соглашения имело большое **политическое** значение.

На собрании **депутаты** выступили со своими предложениями.

В России **выборы** президента проводятся каждые шесть лет.

конститу́ция	헌법	정부는 국가의 헌법을 위반해서는 안 된다.
зако́н	법, 법률	미성년자에게 주류를 판매하는 것은 법으로 금지되어 있다.
па́ртия	정당	여러 정당의 후보들이 선거에 참여했다.
поли́тика	정치	비즈니스 미팅에서는 정치를 논하지 않는 것이 좋다.
коре́йский	한국의, 한국어의	한국 문화에 대해 무엇을 알고 있습니까?
англи́йский	영국의, 영어의	나는 보통 영어로 된 영화를 본다.
испа́нский	스페인의, 스페인어의	거의 남미의 모든 국가는 스페인어를 사용한다.
кита́йский	중국의, 중국어의	나는 중국 음식을 매우 좋아한다.
неме́цкий	독일의, 독일어의	남동생은 독일 자동차를 사는 것이 꿈이다.
росси́йский	러시아(국가)의	러시아 선수들이 대회에서 1위를 차지했다.
ру́сский	러시아(민족)의	나는 벌써 2년 동안 러시아어를 공부하고 있다.

Правительство не должно нарушать **конституцию** страны.

По **закону** запрещено продавать спиртные напитки несовершеннолетним.

В выборах участвовали кандидаты из различных политических **партий**.

На деловых встречах лучше не обсуждать **политику**.

Что вы знаете о **корейской** культуре?

Обычно я смотрю фильмы на **английском** языке.

Почти во всех странах Южной Америки говорят на **испанском**.

Мне очень нравится **китайская** кухня.

Брат мечтает купить **немецкий** автомобиль.

Российские спортсмены заняли первое место на соревнованиях.

Я изучаю **русский** язык уже два года.

францу́зский	프랑스의, 프랑스어의	당신은 어떤 프랑스 작가를 알고 계십니까?
япо́нский	일본의, 일본어의	나와 친구들은 일본 만화를 좋아한다.
по-коре́йски	한국어로	'стол'이 한국어로 무엇입니까?
по-англи́йски	영어로	우리는 어릴 때부터 영어를 배운다.
по-испа́нски	스페인어로	한국에서는 스페인어를 할 줄 아는 사람이 별로 없다.
по-кита́йски	중국어로	중국어를 아주 잘 하시네요! 어디서 공부하셨어요?
по-неме́цки	독일어로	나는 예전에 독일어를 조금 했는데, 지금은 다 잊어버렸다.
по-ру́сски	러시아어로	나의 목표는 러시아 문학을 러시아어로 읽는 것이다.
по-францу́зски	프랑스어로	19세기에 러시아 귀족들은 프랑스어로 말했다.
по-япо́нски	일본어로	나는 일본어를 조금 알아듣지만 말은 못한다.
коре́йско-ру́сский / ру́сско-коре́йский	한국↔러시아의	이것은 제일 좋은 한-러 사전이다.

Каких **французских** писателей вы знаете?

Мы с друзьями любим читать **японские** комиксы.

Как сказать **по-корейски** «стол»?

Мы учимся говорить **по-английски** с детства.

В Корее почти никто не говорит **по-испански**.

Вы так хорошо говорите **по-китайски**! Где вы учились?

Я немного говорил **по-немецки**, но сейчас всё забыл.

Моя цель — читать русскую литературу **по-русски**.

В 19 веке русские аристократы говорили **по-французски**.

Я немного понимаю **по-японски**, но не говорю.

Это лучший **корейско-русский** словарь.

а́нгло-ру́сский / ру́сско-англи́йский	영국↔러시아의	나의 친구는 유명한 영–러 통번역사이다.
испа́нско-ру́сский / ру́сско-испа́нский	스페인↔러시아의	우리는 스페인–러시아 가족이다. 나는 러시아 사람이고 아내는 스페인 사람이다.
кита́йско-ру́сский / ру́сско-кита́йский	중국↔러시아의	20세기 초에는 중국에 러–중 은행이 있었다.
неме́цко-ру́сский / ру́сско-неме́цкий	독일↔러시아의	러–독 관광 안내서가 있으세요?
францу́зско-ру́сский / ру́сско-францу́зский	프랑스↔러시아의	러시아–프랑스어 회화집이 여행에 많은 도움이 되었다.
япо́нско-ру́сский / ру́сско-япо́нский	일본↔러시아의	러–일 전쟁은 1904년에 시작되었다.
запомина́ть НСВ запо́мнить СВ	기억해 두다	외국어 단어를 가장 잘 외울 수 있는 방법을 알려드리겠습니다.
знать НСВ만	알다	당신은 몇 가지 언어를 아십니까?

Мой друг — известный **англо-русский** переводчик.

У нас **испанско-русская** семья: я русский, а жена — испанка.

В начале 20 века в Китае был **Русско-Китайский** банк.

У вас есть **русско-немецкий** туристический справочник?

Русско-французский разговорник очень помог мне в путешествии.

Русско-японская война началась в 1904 году.

Я расскажу вам, как лучше всего **запоминать** иностранные слова.

Сколько языков вы **знаете**?

сказа́ть [говори́ть 의 **CB**]	말하다	그는 러시아어를 아직 잘 못한다고 했다.
смочь [мочь 의 **CB**]	가능하다, ~할 수 있다	저는 이 텍스트 번역을 못 도와드릴 것 같습니다.
москви́ч 남 москви́чка 여 [복 москвичи́]	모스크바인	많은 모스크바 시민들은 붉은 광장에서 새해를 기념한다.
англича́нин 남 англича́нка 여 [복 англича́не]	영국인	나는 영국인처럼 영어를 말하고 싶다.
испа́нец 남 испа́нка 여 [복 испа́нцы]	스페인인	스페인 사람들은 친절하고 쾌활하다.
кита́ец 남 китая́нка 여 [복 кита́йцы]	중국인	이 도시에는 많은 중국인들이 살고 있다.
не́мец 남 не́мка 여 [복 не́мцы]	독일인	내 친구의 할아버지는 독일인이었다.
ру́сский 남 ру́сская 여 [복 ру́сские]	러시아인	러시아 사람들은 1월 7일에 크리스마스를 기념한다.

Он **сказал**, что пока плохо говорит по-русски.

Я не **смогу** вам помочь перевести этот текст.

Многие **москвичи** празднуют Новый год на Красной площади.

Я хочу говорить по-английски как **англичанин**.

Испанцы — приветливые и весёлые люди.

В этом городе живёт много **китайцев**.

Дедушка моего друга был **немцем**.

Русские празднуют Рождество седьмого января.

францу́з 남 францу́женка 여 [복 францу́зы]	프랑스인	이 레스토랑의 셰프는 프랑스인이다.
коре́ец 남 корея́нка 여 [복 коре́йцы]	한국인	많은 한국인이 30세 이후에 결혼한다.
япо́нец 남 япо́нка 여 [복 япо́нцы]	일본인	일본인들은 매우 부지런한 민족이다.

Шеф-повар этого ресторана — **француз**.

Многие **корейцы** женятся после тридцати лет.

Японцы — очень трудолюбивый народ.

Семья, родственники, друзья

и́мя 중	이름	본인 이름과 성을 적어 주세요.
фами́лия	성씨	러시아에서는 많은 여성이 결혼 후 성을 바꾼다.
есть	있다	나에게는 남동생 두 명과 여동생 한 명이 있다.
нет	아니다, 없다	나에게는 가까운 친척이 없다.
семья́	가족	우리 가족은 5명이다.
ма́ма	엄마	우리 모두 엄마를 매우 사랑한다.
мать 여	어머니	어머니는 하루 종일 아픈 아이를 돌보았다.
па́па 남	아빠	나는 아빠와 함께 자전거 타는 것을 좋아한다.
оте́ц	아버지	아버지의 직업은 무엇입니까?
муж	남편	오늘은 언니가 남편과 함께 저녁 식사를 하러 온다.
жена́	아내	모든 남자는 예쁘고 자상한 아내를 꿈꾼다.

가족, 친척, 친구

Напишите здесь своё **имя** и фамилию.

В России многие женщины меняют **фамилию** после свадьбы.

У меня **есть** два брата и одна сестра.

У меня **нет** близких родственников.

В нашей **семье** пять человек.

Мы все очень любим нашу **маму**.

Мать целый день ухаживала за больным ребёнком.

Я люблю кататься с **папой** на велосипеде.

Кем работает ваш **отец**?

Сегодня к нам на ужин придёт сестра с **мужем**.

Каждый мужчина мечтает о красивой и заботливой **жене**.

родитель 남 [복 родители]	부모	나는 스무 살까지 부모님과 함께 살았다.
ребёнок [복 дети]	아이	조용히 해 주세요! 방에 아이가 자고 있어요.
дочь (=дочка) 여	딸	아주 예쁜 딸을 두셨네요!
сын	아들	어머니는 아들을 전쟁에 내보내고 싶지 않았다.
сестра́	자매	나에게는 언니(누나)가 있다.
брат	형제	남동생은 아버지와 매우 닮았다.
ба́бушка	할머니	아침마다 할머니는 손자들을 학교에 보내신다.
де́душка	할아버지	할아버지는 낚시하러 가는 것을 좋아하신다.
внук	손자	할아버지는 놀이터에서 손자들과 자주 놀아주신다.
вну́чка	손녀	할머니는 자기 전에 손녀에게 동화를 읽어주신다.
тётя	고모, 이모, 숙모	여름에 나는 이모 집에서 한 달 동안 살았다.

До двадцати лет я жил с **родителями**.

Не шумите! В комнате спит **ребёнок**.

У вас очень красивая **дочь**!

Мать не хотела отпускать **сына** на войну.

У меня есть старшая **сестра**.

Младший **брат** очень похож на отца.

По утрам **бабушка** отправляет внуков в школу.

Дедушка любит ходить на рыбалку.

Дедушка часто играет с **внуком** на детской площадке.

Бабушка перед сном читает сказку **внучке**.

Летом один месяц я жил у **тёти**.

дя́дя	삼촌, 이모부, 고모부	나는 삼촌, 사촌 형과 함께 농구를 자주 한다.
племя́нник	조카	이 아이는 형의 아들인 나의 조카 이반이다.
племя́нница	조카딸	나는 조카딸에게 생일 선물로 인형을 사주었다.
свёкор	시아버지	오늘 언니는 미래의 시아버지에게 인사드리러 간다.
свекро́вь 여	시어머니	친절하고 좋은 시어머니를 만나는 것은 매우 중요하다.
тесть 남	장인	내 친구는 장인어른을 매우 존경한다.
тёща	장모	나와 아내는 장모님에게 아이를 돌봐 달라고 부탁드렸다.
неве́стка	며느리	시어머니는 자신의 젊은 며느리를 좋아했다.
зять 남	사위	우리 사위는 똑똑하고 예의 바른 청년이다.
ро́дственник	친척	우리는 새해를 맞아 많은 친척과 친구들을 초대했다.
родно́й	혈육의	나는 친 형제자매가 없다.

Мы с **дядей** и двоюродным братом часто играем баскетбол.

Это мой **племянник** Иван, сын старшего брата.

Я подарила **племяннице** куклу на день рождения.

Сегодня сестра идёт знакомиться со своим будущим **свёкром**.

Очень важно встретить хорошую и добрую **свекровь**.

Мой друг очень уважает своего **тестя**.

Мы с женой попросили **тёщу** присмотреть за ребёнком.

Свекровь полюбила свою молодую **невестку**.

Наш **зять** умный и воспитанный молодой человек.

На Новый год мы пригласили много **родственников** и друзей.

У меня нет **родных** братьев и сестёр.

двою́родный	사촌의	나와 사촌 여동생은 같은 반에서 공부한다.
ста́рший	나보다 나이가 많은	나의 형의 이름은 지마이다.
мла́дший	나보다 어린	그들의 막내아들은 겨우 2살이다.
большо́й	큰	엄마는 항상 대가족을 꿈꾸셨다.
ма́ленький	작은	이 작은 아기는 끊임없이 울고 있다.
семе́йный	가족의	옆집에 젊은 부부가 살고 있다.
люби́мый	사랑스러운, 가장 선호하는	그는 사랑스러운 막내 아들이었다.
похо́жий	닮은	나이가 들어가면서 나는 점점 더 아버지를 닮아 간다.
ра́зный	서로 다른, 같지 않은	내 아들들은 성격이 서로 완전히 다르다.
друго́й	다른	아빠, 저는 아빠가 아니에요, 저는 달라요!
вме́сте	같이, 함께	우리는 할머니와 할아버지와 함께 살고 있다.
оди́н 남 одна́ 여	하나의, 혼자	당신은 혼자 살고 있습니까, 아니면 가족과 함께 살고 있습니까?

Мы с **двоюродной** сестрой учимся в одном классе.

Моего **старшего** брата зовут Дима.

Их **младшему** сыну только два года.

Мама всегда мечтала иметь **большую** семью.

Этот **маленький** ребёнок постоянно плачет.

В соседнем доме живёт молодая **семейная** пара.

Он был **любимым** младшим сыном.

С возрастом я всё болше становлюсь **похожей** на отца.

Мои сыновья совсем **разные** по характеру.

Папа, я — это не ты, я **другой**.

Мы живём **вместе** с дедушкой и бабушкой.

Вы живёте **один** или с семьёй?

сам	자신, 스스로	우리 어린 아들은 벌써 신발 끈을 스스로 묶을 줄 안다.
друг [복 друзья́]	친구	진정한 친구들은 언제나 돕고 지지할 것이다.
подру́га	여자친구	나와 (여성)친구들은 쇼핑을 좋아한다.
това́рищ	친구, 벗, 동료	당신은 학교 친구들과 자주 만납니까?
знако́мый 명	지인	아빠는 모스크바에 지인이 많다.
сосе́д 남 сосе́дка 여 [복 сосе́ди]	이웃	아무도 시끄러운 이웃을 좋아하지 않는다.
хозя́ин 남 хозя́йка 여 [복 хозя́ева]	주인	이 개는 주인이 없다.
гость 남 го́стья 여 [복 го́сти]	손님	오늘 우리는 저녁식사 손님을 기다리고 있다.
встреча́ться HCB встре́титься CB	만나다	아냐와 콜랴는 벌써 3년을 사귀고 있다.

Наш маленький сын уже умеет **сам** завязывать шнурки.

Настоящие **друзья** всегда помогут и поддержат.

Мы с **подругами** любим ходить по магазинам.

Вы часто встречаетесь со своими школьными **товарищами**?

У папы много **знакомых** в Москве.

Никто не любит шумных **соседей**.

У этой собаки нет **хозяина**.

Сегодня на ужин мы ждём **гостей**.

Аня и Коля **встречаются** уже три года.

(быть) за́мужем 부	시집간, 기혼 여성	이 여배우는 결혼을 다섯 번 했다!
жена́т 형단	장가간, 기혼 남성	아쉽게도 이 잘생긴 남자는 이미 결혼했다.
выходи́ть НСВ вы́йти СВ за́муж	시집가다	나는 대학 졸업 후 결혼할 예정이다.
жени́ться НСВ и СВ	장가가다	모든 남자는 아름답고 지적인 여자와 결혼하기를 원한다.
(быть) в разво́де	이혼한	내 친구의 부모님은 이혼하셨다.
разводи́ться НСВ развести́сь СВ	이혼하다	남편은 아내를 매우 사랑했고 이혼하고 싶지 않았다.
рожда́ться НСВ роди́ться СВ	태어나다	우리 친구부부에게 둘째 아기가 태어났다.
умира́ть НСВ умере́ть СВ	죽다	우리 할아버지는 내가 태어나기 전에 돌아가셨다.
плани́ровать НСВ спланировать СВ	계획하다	요즘 젊은 사람들은 자녀 계획을 서두르지 않는다.

Эта актриса была **замужем** пять раз!

К сожалению, этот симпатичный молодой человек уже **женат**.

Я планирую **выйти замуж** после окончания университета.

Все мужчины хотят **жениться** на красивой и умной девушке.

Родители моего друга в **разводе**.

Муж очень любил жену и не хотел **разводиться**.

У наших друзей **родился** второй ребёнок.

Мой дедушка **умер** ещё до моего рождения.

Современные молодые люди не спешат **планировать** детей.

дружи́ть + с кем(5) **НСВ만**	~와 친구다, 친하다	나와 나의 제일 친한 친구는 5살 때부터 친구이다.
подружи́ться **СВ만**	사귀다, 친해지다	소녀는 바로 새로운 반 친구들과 친해졌다.
знако́миться **НСВ** познако́миться **СВ** + с кем(5)	인사하다, 알게 되다	당신의 부모님이 어떻게 처음 만났는지 아십니까?
ссо́риться **НСВ** поссо́риться **СВ**	다투다, 싸우다	아무도 친구들과 싸우고 싶어하지 않는다.

Я **дружу** с моим лучшим другом с пяти лет.

Девочка сразу **подружилась** со своими новыми одноклассниками.

Вы знаете как **познакомились** ваши родители?

Никто не хочет **ссориться** с друзьями.

Сферы деятельности человека

인간의 활동 분야

Профéссия, социáльный стáтус
직업, 사회적 위치

Образовáние, наýка
교육, 학문

Изобразительное искýсство, архитектýра
미술, 건축

Литератýра, теáтр и кинó
문학, 연극과 영화

Мýзыка
음악

Спорт
스포츠

Óтдых и прáздники
휴식, 명절

Путешéствия, туризм
여행, 관광

Профéссия, социáльный стáтус

профéссия	직업	교사는 전 세계적으로 매우 중요하고 존경받는 직업이다.
специáльность 여	전공, 직업	우리 아버지의 직업은 엔지니어이다.
рабóта	일, 작업	치열한 경쟁 탓에 일자리를 찾기가 매우 어렵다.
дéло	일	미안해, 오늘 일이 많아서 영화보러 갈 수가 없어.
áвтор	저자, 작가	이 책에서 저자는 진정한 우정에 대해 이야기한다.
артúст 남 артúстка 여	예술가, 아티스트	어렸을 때 나는 유명한 아티스트가 되고 싶었다.
архитéктор	건축가	이 건물은 유명한 모스크바 건축가에 의해 지어졌다.
аспирáнт 남 аспирáнтка 여	연구생, 대학원생	회의에는 학생들과 대학원생들이 참석했다.
бизнесмéн	사업가, 기업가	나는 사업가가 되어 레스토랑을 여는 것이 꿈이다.

직업, 사회적 위치

Учитель — очень важная и уважаемая **профессия** во всём мире.

Наш отец по **специальности** инженер.

Очень сложно найти **работу** из-за сильной конкуренции.

Извини, я не смогу пойти в кино сегодня, у меня много **дел**.

В книге **автор** рассказывает о настоящей дружбе.

В детстве я хотела стать известной **артисткой**.

Это здание было построено знаменитым московским **архитектором**.

В конференции участвовали студенты и **аспиранты**.

Я мечтаю стать **бизнесменом** и открыть собственный ресторан.

био́лог	생물학자	찰스 다윈은 가장 유명한 생물학자 중 한 명이다.
врач	의사	내 여동생은 의사에게 가는 것을 싫어한다.
гео́граф	지리학자	우리 지리 선생님은 세계의 모든 국가와 수도를 알고 있다.
гео́лог	지질학자	지질학자들은 종종 다양한 탐험에 참여한다.
дека́н	학장	유명한 경제학자가 우리 학과의 학장이 되었다.
депута́т	(국회, 시의회) 의원	이 국가 두마(러시아 국회의 하원)의 의원의 이름이 무엇입니까?
диплома́т	외교관	위대한 러시아 시인 그리보예도프는 페르시아에서 외교관으로 근무했다.
дире́ктор	원장, 교장, 사장	학생들은 엄격한 교장 선생님을 무서워한다.
до́ктор	의사	의사는 환자를 진찰하고 약을 처방했다.
домохозя́йка	주부	결혼 후 언니는 직장을 그만두고 전업주부가 되었다.

Чарльз Дарвин является одним из самых знаменитых **биологов**.

Моя младшая сестра не любит ходить к **врачу**.

Наш **географ** знает все страны мира и их столицы.

Геологи часто участвуют в различных экспедициях.

Деканом нашего факультета стал известный экономист.

Как зовут этого **депутата** Государственной Думы?

Великий русский поэт Грибоедов служил **дипломатом** в Персии.

Школьники боятся строгого **директора** школы.

Доктор осмотрел больного и выписал лекарства.

После свадьбы сестра ушла с работы и стала **домохозяйкой**.

журнали́ст 남 журнали́стка 여	기자	이 기자는 흥미로운 기사들을 쓴다.
инжене́р	기사, 기술자	삼촌은 자동차 공장에서 수석 엔지니어로 일하고 있다.
исто́рик	역사학자	역사가들은 이 고대 문서의 진위에 대해 여전히 논쟁 중이다.
компози́тор	작곡가	공연에서는 위대한 러시아 작곡가의 교향곡이 연주되었다.
космона́вт	우주비행사	어린 시절 페탸는 우주 비행사가 되어 우주로 날아가는 것을 꿈꿨다.
матема́тик	수학자	수년 동안 수학자들은 이 문제를 풀지 못했다.
медсестра́	간호사	간호사는 나에게 진통제를 주사했다.
полице́йский 명	경찰관	경찰은 집회 중에 질서를 유지했다.
музыка́нт	음악가	아르바트에서는 거리 음악가들의 공연이 종종 열린다.
певе́ц 남 певи́ца 여	가수	어제 우리는 인기 가수의 콘서트에 갔었다.

Этот **журналист** пишет интересные статьи.

Дядя работает главным **инженером** на машиностроительном заводе.

Историки до сих пор спорят о подлинности этого древнего документа.

На концерте была исполнена симфония великого русского **композитора**.

В детстве Петя мечтал стать **космонавтом** и полететь в космос.

Математики несколько лет не могли решить эту задачу.

Медсестра сделала мне укол от боли.

Полицейские следили за порядком во время митинга.

На Арбате часто проходят выступления уличных **музыкантов**.

Вчера мы ходили на концерт популярного **певца**.

пенсионе́р 남 пенсионе́рка 여	은퇴자, 연금 수급자	우리 할머니는 일을 안 하신다. 그녀는 은퇴하셨다.
перево́дчик 남 перево́дчица 여	통번역사	나의 남동생은 중국어 전문 통번역가이다.
писа́тель 남 писа́тельница 여	작가	"전쟁과 평화"는 위대한 러시아 작가 레프 톨스토이의 작품이다.
поэ́т	시인	나는 영국 시인들의 시를 좋아한다.
президе́нт	대통령	올해 우리나라에는 대통령 선거가 있을 예정이다.
преподава́тель 남 преподава́- тельница 여	강사	학생들은 선생님의 말을 주의깊게 들었다.
продаве́ц	판매원	우리는 판매원에게 할인을 부탁했다.
профе́ссор	교수	나는 이바노프 교수의 지도하에 졸업 논문을 썼다.
психо́лог	심리학자, 심리상담사	심리상담사는 내가 우울증을 견디어 내도록 도움을 주었다.
рабо́чий 명	근로자, 노동자	건설 현장에는 많은 외국인 노동자가 일한다.

Наша бабушка не работает. Она **пенсионерка**.

Мой брат — профессиональный **переводчик** с китайского языка.

«Войну и мир» написал великий русский **писатель** Лев Толстой.

Мне нравятся стихотворения английских **поэтов**.

В этом году у нас в стране будут выборы **президента**.

Студенты внимательно слушали **преподавателя**.

Мы попросили **продавца** сделать нам скидку.

Я писала дипломную работу под руководством **профессора** Иванова.

Психолог помог мне справиться с депрессией.

На стройке работает много иностранных **рабочих**.

режиссёр	감독	재능있는 젊은 감독이 이 영화를 촬영했다.
секрета́рь	비서	비서는 서류를 준비했고 사장에게 전달했다.
специали́ст	전문가	우리 회사에서는 최고의 전문가들이 상담을 진행한다.
спортсме́н 남 спортсме́нка 여	운동선수	운동선수들은 이른 아침부터 대회를 준비한다.
строи́тель 남	건설업자, 시공기사	우리 할아버지는 도로 건설업자셨다.
студе́нт 남 студе́нтка 여	대학생	러시아 민족우호대학교에는 외국인 학생들이 많다.
тури́ст 남 тури́стка 여	관광객	매년 수많은 관광객이 스페인을 방문한다.
учени́к 남 учени́ца 여	학생	이 반은 학생이 몇 명입니까?
учёный 명	학자	전 세계의 학자들은 학술대회에서 발표를 했다.
фи́зик	물리학자	위대한 영국의 물리학자 아이작 뉴턴은 중력의 법칙을 발견했다.

Этот фильм снял молодой и талантливый **режиссёр**.

Секретарь подготовил документы и передал директору.

У нас в компании консультации проводят лучшие **специалисты**.

Спортсмены готовятся к соревнованиям с раннего утра.

Наш дедушка работал **строителем** дорог.

В Российском университете дружбы народов учится много иностранных **студентов**.

Каждый год Испанию посещает огромное количество **туристов**.

Сколько **учеников** в этом классе?

На конференции выступили с докладами **учёные** со всего мира.

Закон тяготения открыл великий английский **физик** Исаак Ньютон.

филóлог	어문학자	많은 어문학자들은 고대 언어에 관심을 가지고 있다.
филóсоф	철학자	고대 철학자들은 종종 선과 악에 대해 논했다.
футболи́ст	축구 선수	내가 가장 좋아하는 축구 선수는 FC 바르셀로나의 리오넬 메시이다.
хи́мик	화학자	한국 화학자들이 바이러스 치료제를 개발했다.
хиру́рг	외과 의사	아주 훌륭하고 경험이 많은 외과 의사가 나에게 수술을 했다.
хозя́ин 남 хозя́йка 여 [복 хозя́ева]	주인	이 식당의 주인은 나의 지인이다.
хокке́ист	하키 선수	하키 선수는 경기가 끝나기 1초 전에 골을 넣었다.
худо́жник	화가	트레챠코프 미술관에서 풍경화가 전시회가 열린다.
чемпио́н	챔피언	프랑스 대표팀은 두 번째로 세계 축구 챔피언이 되었다.
чита́тель 남	독자	첫 번째 장에서 저자는 독자에게 소설의 주인공을 소개한다.

Многие **филологи** проявляют интерес к древним языкам.

Античные **философы** часто рассуждали о добре и зле.

Мой любимый **футболист** — игрок клуба «Барселона» Лионель Месси.

Корейские **химики** разработали средство от вируса.

Мне делал операцию очень хороший и опытный **хирург**.

Хозяин этого ресторана — мой знакомый.

Хоккеист забил шайбу в ворота за секунду до конца матча.

В Третьяковской галерее состоится выставка **художников**-пейзажистов.

Сборная Франции во второй раз стала **чемпионом** мира по футболу.

В первой главе автор знакомит **читателей** с главными героями романа.

шахмати́ст	체스 기사	2018년 체스 올림피아드는 중국 선수들이 우승했다.
шко́льник 남 шко́льница 여	(학교의) 학생	보통 학생들은 학교에 가는 것을 좋아하지 않는다.
экономи́ст	경제학자	경제학자들은 세계 위기의 가능성에 대해 경고한다.
экскурсово́д	관광안내사, 가이드	체홉 생가박물관의 가이드는 학생들에게 작가의 삶에 관해 이야기해 주었다.
биологи́чес- кий	생물학의	사람의 몸속에서는 다양한 생물학적 과정이 지속해서 발생한다.
географи́чес- кий	지리학의, 지리적인	15~17세기는 위대한 지리적 발견의 시대라고 불린다.
геологи́ческий	지질학의	건설 전에 엔지니어들은 토양의 지질학적 조사를 수행한다.
истори́ческий	역사의, 역사적인	내 남동생은 영웅에 관한 역사 영화를 좋아한다.
математи́чес- кий	수학의, 수학적인	아빠, 이 수학 문제를 푸는 것 좀 도와주세요.
медици́нский	의학의	학생들은 시립 병원에서 의료 실습을 한다.

Шахматную олимпиаду 2018 года выиграли **шахматисты** из Китая.

Обычно **школьники** не любят ходить в школу.

Экономисты предупреждают о возможности мирового кризиса.

Экскурсовод дома-музея А.П.Чехова рассказал школьникам о жизни писателя.

В организме человека постоянно происходят различные **биологические** процессы.

XV-XVII века называют эпохой великих **географических** открытий.

Перед строительством инженеры проводят **геологические** исследования грунта.

Брат любит **исторические** фильмы о героях.

Папа, помоги мне решить эту **математическую** задачу.

Студенты проходят **медицинскую** практику в городских больницах.

физи́ческий	물리학의	오늘 수업에서 우리는 아르키메데스의 물리 법칙을 공부했다.
филологи́ческий	어문학의	이리나는 어문학 교육을 받았고, 통번역가로 일하고 있다.
филосо́фский	철학의	삶의 의미에 관한 질문은 중요한 철학적 문제이다.
хими́ческий	화학의	주기율표에는 몇 개의 화학 원소가 있습니까?
экономи́ческий	경제의, 경제적	경제 성장은 고유가 덕분에 이루어졌다.
юриди́ческий	법적, 법률적	친구는 법학부를 졸업하고 현재 변호사로 일하고 있다.
де́лать НСВ сде́лать СВ	하다	우리는 모든 일을 마쳤고 이제 집에 갈 수 있다.
рабо́тать НСВ만 + кем(5), где(6)	일하다	당신은 도서관에서 몇 년 동안 일했습니까?
получа́ть НСВ получи́ть СВ (профе́ссию, специа́льность)	직업 교육을 받다, 전공하다	많은 젊은이들이 의사가 되는 것을 꿈꾼다.

Сегодня на уроке мы изучали **физический** закон Архимеда.

Ирина получила **филологическое** образование и работает переводчиком.

Вопрос о смысле жизни является важной **философской** проблемой.

Сколько всего **химических** элементов в таблице Менделеева?

Экономический рост был достигнут благодаря высокой цене на нефть.

Друг окончил **юридический** факультет и теперь работает адвокатом.

Мы **сделали** всю работу и теперь можем идти домой.

Сколько лет вы **работаете** в библиотеке?

Многие молодые люди мечтают **получить** профессию врача.

учи́ться **НСВ만** + где(6)	~에서 공부하다	우리 부모님은 같은 대학교에서 공부했다.
ока́нчивать **НСВ** око́нчить **СВ**	졸업하다, 마치다	나는 2년 전에 학교를 졸업했다.
занима́ться **НСВ** заня́ться **СВ** + чем(5)	하다, 일삼다, 종사하다	너는 여가 시간에 뭐 하는 것을 좋아하니?
организо́вы- вать **НСВ** организова́ть **СВ**	~을 조직하다	매년 학생들은 문화 축제를 조직한다.
изуча́ть **НСВ** изучи́ть **СВ**	배우다	우리는 다음 학기부터 철학을 공부한다.
игра́ть **НСВ** сыгра́ть **СВ** + во что(4)	~을 하다, 경기하다	방과 후 아이들은 축구를 한다.
дохо́д	수입, 소득, 수익	우리 회사는 아직 많은 수익을 창출하지 못하고 있다.
за́работок	벌이, 급여	나는 추가적인 수입을 위해 카페에서 아르바이트를 한다.
де́ньги	돈	모든 사람들은 많은 돈을 벌기를 꿈꾼다.

Мои родители **учились** в одном университете.

Я **окончила** школу два года назад.

Чем ты любишь **заниматься** в свободное время?

Каждый год студенты **организовывают** фестивали культуры.

Со следующего семестра мы будем **изучать** философию.

После школы ребята **играют** в футбол.

Наша фирма пока не приносит большой **доход**.

Для дополнительного **заработка** я подрабатываю в кафе.

Все люди мечтают заработать много **денег**.

бе́дный	가난한	이 가난한 사람은 빵을 살 돈이 없다.
бога́тый	부유한	우리 사장님은 매우 부유하고 영향력 있는 사람이다.
цени́ть **НСВ만**	귀중히 여기다, 높이 평가하다	다른 사람의 시간을 귀중하게 여길 줄 아는 것은 매우 중요하다.
оце́нивать **НСВ** оцени́ть **СВ**	평가하다, 인정하다	의사들은 바이러스의 확산 가능성을 인정했다.
зараба́тывать **НСВ** зарабо́тать **СВ**	벌다	내 동생은 18살 때부터 스스로 돈을 벌고 있다.
сфе́ра де́ятельности	업계	우리 회사의 주요 활동 분야는 자동차 판매업이다.
нау́ка	과학, 학문	나는 대학 졸업 후 과학을 연구하기로 했다.
культу́ра	문화	표트르 1세는 러시아의 문화 발전에 큰 공헌을 했다.
иску́сство	예술	나는 모든 예술 중에서 회화를 선호한다.
поли́тика	정책	한국의 외교 정책에 대해 이야기해 주세요.

У этого **бедного** человека нет денег на хлеб.

Наш директор — очень **богатый** и влиятельный человек.

Очень важно уметь **ценить** чужое время.

Врачи **оценили** возможность распространения вируса.

Мой брат с восемнадцати лет сам **зарабатывает** деньги.

Основной **сферой деятельности** нашей фирмы является продажа автомобилей.

После окончания университета я решил заниматься **наукой**.

Пётр I внёс большой вклад в развитие **культуры** в России.

Из всех видов **искусства** я предпочитаю живопись.

Расскажите о внешней **политике** Кореи.

спорт	운동, 스포츠	지금부터 최신 세계 스포츠 뉴스를 보시겠습니다.
ва́жный	중요한	올해는 중요한 사건들이 많이 있었다.
совреме́нный	현대의, 동시대의	트레챠코프 미술관에서는 현대 미술 전시회를 개최한다.

А теперь вы увидите свежие новости мирового **спорта**.

В этом году произошло много **важных** событий.

В Третьяковской галерее проходит выставка **современного** искусства.

Образова́ние, нау́ка 교육, 학문

нау́ка	과학, 학문	학교에서는 인문과학과 자연과학을 배운다.
образова́ние	교육	좋은 교육을 받는 것은 매우 중요하다.
специа́льность 여	전공	올해에는 입학생들 사이에서 기술 전공이 인기 있다.
чте́ние	독서	어렸을 때 독서는 내가 가장 좋아하는 취미였다.
труд, рабо́та (нау́чная)	논저, 논문	역사학자는 자신의 저서에서 고대 슬라브족의 생활을 묘사한다.
докла́д	보고서, 발표문, 소논문	선생님은 작가에 대한 보고서 작성을 숙제로 내주셨다.
шко́ла	(초,중,고등)학교	당신의 아들은 벌써 학교에 다닙니까?
институ́т	단과 대학교	우리 도시에는 훌륭한 외국어 대학교가 있습니다.
университе́т	(종합)대학교	우리 대학의 총장은 유명한 학자이다.
ку́рсы 복수만	학원, 강좌	나와 내 친구는 컴퓨터 학원에 등록하기로 했다.

В школе изучают гуманитарные и естественные **науки**.

Очень важно получить хорошее **образование**.

В этом году среди абитуриентов популярны технические **специальности**.

В детстве моим любимым занятием было **чтение** книг.

В своих **трудах** историк описывает быт древних славян.

Учитель дал задание сделать **доклад** о писателе.

Ваш сын уже ходит в **школу**?

В нашем городе есть хороший **институт** иностранных языков.

Ректор нашего **университета** — известный учёный.

Мы с другом решили записаться на компьютерные **курсы**.

класс	학교의 학년, 반	여동생은 올해 초등학교 1학년에 입학했다.
гру́ппа	학교의 반, 조, 그룹	우리 그룹은 성적면에서 1등이다.
курс	(대학의) 학년, 과정	기숙사는 1학년 학생들에게만 제공됩니다.
факульте́т	학부, 학과	많은 외국인 학생들이 의학부에서 공부한다.
аспиранту́ра	대학원	형은 대학원에서 공부를 계속하기로 결정했다.
шко́льник 남 шко́льница 여	(학교의) 학생	9월 1일에 모든 학생들이 수업을 시작한다.
учени́к 남 учени́ца 여	(학교의, 학원의) 학생	연로한 교사는 자신의 학생들을 매우 사랑했다.
студе́нт 남 студе́нтка 여	대학생	대학생들은 도서관에서 시험을 준비한다.
аспира́нт 남 аспира́нтка 여	대학원생	대학원생은 박사 학위 논문을 성공적으로 마쳤다.
учи́тель 남 учи́тельница 여	교사	너희 수학 선생님 성함이 어떻게 되시니?

Младшая сестра в этом году пошла в первый **класс**.

Наша **группа** занимает первое место по успеваемости.

Общежитие предоставляется только студентам первого **курса**.

На медицинском **факультете** учится много иностранных студентов.

Брат решил продолжить обучение в **аспирантуре**.

Первого сентября у всех **школьников** начинаются занятия.

Пожилой учитель очень любил своих **учеников**.

Студенты в библиотеке готовятся к сессии.

Аспирант успешно написал докторскую диссертацию.

Как зовут вашего **учителя** математики?

преподава́тель 남 преподава́тельница 여	강사	경험이 매우 풍부한 강사가 이 강의를 진행한다.
профе́ссор	교수	세미나에서 교수님은 어려운 질문을 많이 하셨다.
учёный 명	학자	미국 과학자들은 새로운 질병을 발견했다.
архите́ктор	건축가	많은 도시 건물들이 독일 건축가들의 설계에 따라 지어졌다.
дире́ктор шко́лы	교장	모든 학생들은 교장 선생님을 존경하고 두려워한다.
дека́н факульте́та	학장	추천서에는 학장의 서명이 있어야 한다.
био́лог	생물학자	생물학자들은 커피가 인체에 미치는 영향에 대해 이야기했다.
гео́граф	지리학자	지리학자는 지구 표면을 연구하고 있다.
исто́рик	역사학자	역사학자는 제1차 세계대전에 대한 강연을 했다.
матема́тик	수학자	전국의 젊은 수학자들이 수학 올림피아드에 왔다.

Эту лекцию ведёт очень опытный **преподаватель**.

На семинаре **профессор** задавал много сложных вопросов.

Американские **учёные** обнаружили новое заболевание.

Многие городские здания были построены по проектам немецких **архитекторов**.

Все школьники уважают и боятся **директора школы**.

В рекомендательном письме должна стоять подпись **декана факультета**.

Биологи рассказали о влиянии кофе на организм.

Географ занимается изучением поверхности земли.

Историк прочитал лекцию о Первой мировой войне.

Юные **математики** со всей страны съехались на математическую олимпиаду.

экономи́ст	경제학자	경제학자들은 유가 급등을 설명했다.
психо́лог	심리학자	사람들은 점점 더 자주 심리학자들의 도움을 받게 되었다.
фи́зик	물리학자	강의에서 물리학자는 우주 로켓의 특징에 대해 이야기했다.
фило́лог	어문학자	이 젊은 어문학자는 여러 언어를 알고 있다.
фило́соф	철학자	당신은 어떤 철학자의 연구를 읽어보셨습니까?
хи́мик	화학자	러시아 화학자 멘델레예프가 원소주기율표를 만들었다.
архитекту́ра	건축학	중앙극장 건물은 독특한 건축양식을 가지고 있다.
биоло́гия	생물	동물학은 동물을 연구하는 생물학의 분야이다.
геогра́фия	지리학	지리 수업에서 우리는 세계지도를 공부했다.
исто́рия	역사학	내 동생은 고대 세계사를 잘 알고 있다.
аудито́рия	강의실	화학 강의는 어느 강의실에서 합니까?

Экономисты объяснили резкое повышение цены на нефть.

Люди всё чаще стали обращаться за помощью к **психологам.**

На лекции **физик** рассказал об особенностях космических ракет.

Этот молодой **филолог** знает несколько языков.

Труды каких **философов** вы уже читали?

Периодическую таблицу элементов создал русский **химик** Д. А. Менделеев.

Здание Центрального театра отличается своей необычной **архитектурой**.

Зоология — это раздел **биологии** о животных.

На уроке **географии** мы изучали карту мира.

Брат хорошо знает **историю** Древнего мира.

В какой **аудитории** будет проходить лекция по химии?

кабине́т (в шко́ле)	(학교) 교실	물리학 교실은 2층에 있다.
вопро́с	질문	역사 시험에서 어떤 질문이 있었습니까?
отве́т	답, 대답, 답장, 답변	나는 세 번째 질문에 대한 답을 모른다.
зада́ние	과제, 숙제, 임무	오늘 우리는 많은 숙제를 받았다.
зада́ча	문제	내 동생은 수학 문제를 잘 푼다.
приме́р	예문	문제를 풀기 전에 예문을 읽어 보세요.
упражне́ние	연습문제	새로운 주제를 복습하기 위해 교과서의 연습문제를 풀어 보세요.
пробле́ма	문제, 과제	이 문제를 해결하지 못하면 우리의 수익이 많이 떨어질 것이다.
результа́т	결과	공무원들은 교육 결과에 만족해 했다.
оши́бка	오류, 실수, 잘못	너는 이 단어를 잘못 썼어.
бу́ква	글자	우리의 세 살 된 아들은 벌써 글자를 쓸 줄 안다.

Кабинет физики находится на втором этаже.

Какие **вопросы** были на экзамене по истории?

Я не знаю **ответ** на третий вопрос.

Сегодня нам задали много домашнего **задания**.

Брат очень хорошо решает математические **задачи**.

Перед выполнением задания прочитайте **пример**.

Для повторения новой темы сделайте **упражнения** из учебника.

Если мы не решим эту **проблему**, наша прибыль сильно упадёт.

Служащие были довольны **результатом** обучения.

Ты сделал **ошибку** в этом слове!

Наш трехлетний сын уже умеет писать **буквы**.

звук	소리, 음성	도서관에서는 휴대폰 벨소리를 꺼야 한다.
слóво	단어	이 문장에서 빠진 단어는 무엇입니까?
фрáза	구절, 문장	나는 몇 문장만 영어로 알고 있다.
нóмер	번호	숙제는 연습 문제 6번이다.
цúфра	숫자	생년월일을 아라비아 숫자로 적으세요.
числó	수, 일자	당신은 언제 시험을 봅니까?
кáрта	지도	지리 지도는 서점에서 판매된다.
компьютер	컴퓨터	오늘날 거의 모든 사람들이 컴퓨터 사용할 줄 안다.
карандáш	연필	아이들은 색연필로 그리는 것을 좋아한다.
рýчка	볼펜	책에 펜으로 쓰지 마세요!
кнúга	책, 도서	지금 어떤 책을 읽고 있습니까?
кнúжный	도서의	이번 달에 서울에서는 도서전이 진행된다.

В библиотеке нужно отключать **звук** на телефоне.

Какое **слово** пропущено в этом предложении?

На английском я знаю только несколько **фраз**.

Домашним заданием будет упражнение **номер** шесть.

Запишите дату рождения арабскими **цифрами**.

Какого **числа** вы будете сдавать экзамены?

Географические **карты** продают в книжных магазинах.

В наше время почти каждый умеет пользоваться **компьютером**.

Дети любят рисовать цветными **карандашами**.

Не пишите в книгах **ручкой**!

Какую **книгу** вы сейчас читаете?

В этом месяце в Сеуле проходит **книжная** выставка.

уче́бник	교재, 교과서	교과서는 학교 도서관에서 무료로 받을 수 있다.
слова́рь 남	사전	러시아어 시험에서 종이 사전을 사용할 수 있다.
страни́ца	페이지, 쪽	당신은 소설을 벌써 몇 페이지나 읽으셨습니까?
текст	텍스트	어문학과 학생들은 많은 텍스트를 번역한다.
тетра́дь 여	공책, 노트	노트을 펴고 수업 주제를 적으세요.
нау́чный	과학의, 과학적	로모노소프는 위대한 과학적 발견을 많이 했다.
лёгкий	쉬운	새로운 단어를 외우는 쉬운 방법을 알고 있습니까?
тру́дный	어려운, 힘든	물리 시험은 매우 어려웠다.
интере́сный	재미있는	오늘 우리는 매우 재미있는 공연을 다녀왔다.
де́лать НСВ сде́лать СВ	하다	저녁식사 후 아이들은 수업을 듣는다.
изуча́ть НСВ изучи́ть СВ	배우다	학교에서 어떤 외국어를 공부했습니까?

Учебники можно получить бесплатно в школьной библиотеке.

На экзамене по русскому языку разрешается использовать бумажный **словарь**.

Сколько **страниц** романа вы уже прочитали?

Студенты филологического факультета переводят много **текстов**.

Откройте **тетради** и запишите тему урока.

М. В. Ломоносов сделал немало великих **научных** открытий.

Вы знаете **лёгкий** способ выучить новые слова?

Экзамен по физике был очень **трудный**.

Сегодня мы ходили на очень **интересный** спектакль.

После ужина дети **делают** уроки.

Какие иностранные языки вы **изучали** в школе?

учи́ться HCB만 + где(6)	~에서 공부하다	푸쉬킨은 귀족학교에서 공부했다.
задава́ть HCB зада́ть CB (вопро́с, зада́ние)	(질문, 과제를) 주다	강의가 끝난 후 학생들은 선생님에게 많은 질문을 했다.
понима́ть HCB поня́ть CB	이해하다	얘들아, 수업 주제를 잘 이해했지?
объясня́ть HCB объясни́ть CB + что(4), кому(3)	~에게 설명하다	교사는 어려운 주제를 여러 번 설명했다.
литерату́ра	문학	우리는 지금 문학수업에서 고골의 '죽은 혼'이라는 소설을 배우고 있다.
матема́тика	수학	수학 교사는 매우 복잡한 방정식을 설명하고 있다.
медици́на	의학	현대 의학은 희귀병 치료에 큰 성과를 이루었다.
психоло́гия	심리학	교수는 인간 심리학 문제에 대한 강의를 했다.
фи́зика	물리학	국내 최고의 과학자들이 핵물리학 분야의 연구를 수행한다.

А. С. Пушкин **учился** в Царскосельском лицее.

После лекции студенты **задавали** преподавателю много вопросов.

Ребята, вы хорошо **поняли** тему урока?

Преподаватель несколько раз **объяснял** трудную тему.

По **литературе** мы сейчас проходим поэму Н. В. Гоголя «Мёртвые души».

Учитель **математики** объясняет очень сложное уравнение.

Современная **медицина** достигла больших успехов в лечении редких заболеваний.

Профессор прочитал лекцию о проблемах человеческой **психологии**.

Лучшие учёные страны проводят исследования в области ядерной **физики**.

филоло́гия	어문학	저는 외국어 대학교에서 중문학을 공부하기로 결심했다.
иностра́нный язы́к	외국어	당신은 몇 가지 외국어를 알고 계십니까?
филосо́фия	철학	철학을 배우는 것은 세상을 이해하는 데 도움이 된다.
хи́мия	화학	러시아 학교에서는 7학년 때 화학을 공부하기 시작한다.
эконо́мика	경제	대통령은 올해의 주요 과제로 국가 경제 발전을 꼽았다.
програ́мма	교육과정, 프로그램	당신의 대학에는 어떤 교육 프로그램이 있습니까?
ле́кция	강의, 강좌	이반 세르게예비치는 경제에 대한 매우 흥미로운 강의를 했다.
заня́тие	수업	대학교의 수업은 9시에 시작된다.
уро́к	수업	오늘 수업이 몇 교시까지 있니?
экза́мен	시험	시험이 끝난 후 긴 방학이 시작된다.
переры́в	쉬는 시간	모든 근로자들은 점심시간에 자리를 비웠다.

Я решила изучать китайскую **филологию** в университете иностранных языков.

Сколько **иностранных языков** вы знаете?

Изучение **философии** помогает понять мир.

В российских школах **химию** начинают изучать в седьмом классе.

Основной задачей на этот год президент назвал развитие **экономики** страны.

Какие образовательные **программы** есть в вашем университете?

Иван Сергеевич прочитал очень интересную **лекцию** по экономике.

Занятия в университете начинаются в девять часов.

Сколько у тебя сегодня **уроков**?

После **экзаменов** начинаются длинные каникулы.

Все работники ушли на обеденный **перерыв**.

кани́кулы **복수만**	방학	많은 학생들이 여름 방학 기간에 아르바이트를 한다.
нача́ло (ле́кции)	(강의) 시작	우리는 교통 체증으로 강의 시작에 늦었다.
преподава́ть **НСВ만**	가르치다	옐레나 세르게예브나는 러시아어와 문학을 가르치고 있다.
зака́нчивать **НСВ** зако́нчить **СВ**	졸업하다, 끝내다, 마치다	시간이 많이 늦었네요! 오늘은 일을 그만합시다!
занима́ться **НСВ** заня́ться **СВ** + чем(5)	하다, 일삼다, 종사하다	너는 졸업 후 무엇을 하고 싶니?
ока́нчивать **НСВ** око́нчить **СВ**	졸업하다, 마치다	나는 정확히 10년 전에 학교를 졸업했다.
поступа́ть **НСВ** поступи́ть **СВ** + куда(4)	들어가다, 입학하다	올해 마샤는 대학에 입학하지 못했다.
реша́ть **НСВ** реши́ть **СВ**	결정하다, 해결하다	여동생은 프랑스에서 공부를 계속하기로 결정했다.
станови́ться **НСВ** стать **СВ** + кем(5)	되다	내 여동생은 배우가 되는 것이 꿈이다.

Многие студенты подрабатывают во время летних **каникул**.

Из-за пробки на дороге мы опоздали на **начало** лекции.

Елена Сергеевна **преподаёт** русский язык и литературу.

Уже поздно! Давайте на сегодня **закончим** работу.

Чем ты хочешь **заниматься** после окончания учёбы?

Я **окончил** школу ровно десять лет назад.

Маша в этом году не смогла **поступить** в университет.

Сестра **решила** продолжить обучение во Франции.

Моя маленькая сестрёнка мечтает **стать** актрисой.

получа́ть HCB получи́ть CB образова́ние	교육을 받다	사람들은 좋은 교육을 받기를 원한다.
учи́ть HCB вы́учить CB	외우다	나는 내일까지 이 시를 외워야 한다.
учи́ться HCB научи́ться CB + инф	배우다	할머니는 컴퓨터 사용법을 배우고 싶어하신다.
чита́ть HCB прочита́ть CB	읽다	나는 러시아 고전 문학 작품을 읽는 것을 좋아한다.
писа́ть HCB написа́ть CB	쓰다, 적다	우리의 어린 딸은 산타 클로스에게 긴 편지를 썼다.
взять [брать의 CB]	잡다, 쥐다, 가지다	그는 손에 연필을 들고 그림을 그리기 시작했다.
ви́деть HCB уви́деть CB	보다	이 그림에서 여러분은 아름다운 풍경을 보고 있습니다.
внима́тельно 부	주의 깊게, 신중히	숙제를 놓치지 않도록 잘 들으십시오.
дава́ть HCB дать CB + кому(3) + что(4)	주다	선생님은 각 학생에게 개별 과제를 주셨다.

Каждый человек желает **получить** хорошее **образование**.

Мне нужно **выучить** это стихотворение до завтра.

Бабушка хочет **научиться** пользоваться компьютером.

Я люблю **читать** произведения русской классической литературы.

Наша маленькая дочь **написала** длинное письмо Деду Морозу.

Он **взял** в руку карандаш и начал рисовать.

На этой картине вы **видите** прекрасный пейзаж.

Слушайте **внимательно**, чтобы не пропустить задание.

Преподаватель **дал** каждому студенту индивидуальное задание.

помога́ть **НСВ** помо́чь **СВ**	돕다, 조력하다	외국인 학생들은 숙제하는 것을 서로 돕는다.
продолжа́ть **НСВ** продо́лжить **СВ + инф**	계속하다, 지속하다	우리는 이 책을 다음 학기에 계속 읽을 것이다.

Иностранные студенты **помогают** друг другу делать уроки.

Мы **продолжим** читать эту книгу в следующем семестре.

Изобрази́тельное иску́сство, архитекту́ра

а́втор	저자, 작가	'복숭아를 든 소녀'를 그린 작가를 아십니까?
иску́сство	예술	우리 언니는 예술을 좋아하고 자주 전시회에 간다.
тала́нт	재능	당신의 아들은 그림에 진정한 재능이 있네요!
изве́стный	유명한	그림 '모나리자'는 가장 유명한 예술 작품 중 하나이다.
популя́рный	인기 있는, 대중적인	많은 사람들은 영화가 가장 인기 있는 예술 형식이라고 한다.
совреме́нный	현대의, 동시대의	당신은 현대 화가의 작품들에 관심이 있습니까?
тала́нтливый	재능 있는	젊고 재능있는 음악가들이 공연에 참가할 것이다.
люби́ть НСВ полюби́ть СВ	사랑하다	현대 젊은이들은 고전 예술을 별로 좋아하지 않는다.
нра́виться НСВ понра́виться СВ	좋아하다, 마음에 들다	나는 카를 브륄로프의 그림을 좋아한다.

미술, 건축

Вы знаете **автора** картины «Девочка с персиками»?

Моя сестра любит **искусство** и часто ходит на выставки.

У вашего сына настоящий **талант** к рисованию!

Картина «Мона Лиза» является одним из самых **известных** произведений искусства.

Многие называют кино самым **популярным** видом искусства.

Вы интересуетесь работами **современных** художников?

На концерте будут выступать молодые **талантливые** музыканты.

Современные молодые люди не очень **любят** классическое искусство.

Мне **нравятся** картины Карла Брюллова.

уча́ствовать **НСВ만** + в чём (6)	~에 참가하다, 참여하다	대회에는 러시아에서 가장 재능있는 조각가들이 참가한다.
архите́ктор	건축가	상트페테르부르크의 겨울궁전은 건축가 프란체스코 라스트렐리가 설계했다.
па́мятник архитекту́ры	건축 기념물	러시아의 황금 고리 도시에는 많은 건축 기념물들이 있다.
зда́ние	건물	최고의 건축가들이 모스크바 크레믈 건물 건설에 참여했다.
собо́р	사원, 성당	파리의 노트르담 대성당은 유럽의 주요 건축 기념물 중 하나이다.
фонта́н	분수	여름에 공원에서는 아름다운 음악 분수가 가동된다.
краси́вый	예쁜, 아름다운	상트페테르부르크에는 아름다운 건물과 공원이 많다.
совреме́нный	현대의, 동시대의	젊은 사람들은 현대식 고층 건물에 사는 것을 선호한다.
бере́чь **НСВ** сбере́чь **СВ**	돌보다, 아끼다, 지키다	사람들은 문화 및 건축 기념물을 보호해야 한다.
стро́ить **НСВ** постро́ить **СВ**	건축하다, 건설하다	우리 대학에서는 새로운 대형 기숙사를 짓는 중이다.

В конкурсе **участвуют** самые талантливые скульпторы России.

Зимний дворец в Санкт-Петербурге был построен по проекту **архитектора** Франческо Растрелли.

В городах Золотого кольца России располагается много **памятников архитектуры**.

Строительством **зданий** Московского Кремля занимались лучшие архитекторы.

Собор Парижской Богоматери является одним из главных архитектурных памятников Европы.

Летом в парках работают красивые поющие **фонтаны**.

В Санкт-Петербурге много **красивых** зданий и парков.

Молодые люди предпочитают жить в **современных** многоэтажных зданиях.

Люди должны **беречь** памятники культуры и архитектуры.

В нашем университете **строят** новое большое общежитие.

худо́жник	화가	일리야 레핀은 가장 유명한 러시아 화가 중 한 명이다.
карти́на	그림	루브르 박물관에는 세계적으로 유명한 그림이 많다.
фотогра́фия	사진	전시회에는 어린이들의 사진이 전시되었다.
вы́ставка	전시회	토요일에 우리는 젊고 재능있는 화가의 전시회에 갔었다.
музе́й	박물관	어제 나는 친구들과 함께 현대 예술 박물관에 갔었다.
фотоаппара́т 또는 ка́мера	사진기, 카메라	모든 사진작가들은 고가의 전문가용 카메라를 가지고 있다.
цветно́й	유색의, 컬러의	우리 가족 앨범에는 선명한 컬러 사진이 많다.
рисова́ть HCB нарисова́ть CB	그리다	유치원에서 아이들은 물감으로 그림을 그리는 법을 배웠다.
называ́ться HCB만	불리다, 지칭되다	이반 아이바좁스키의 가장 유명한 그림의 제목은 무엇입니까?
цени́ть HCB만	귀중히 여기다, 높이 평가하다	어른들은 아이들에게 예술의 가치에 대해 가르쳐야 한다.

Илья Репин является одним из самых известных русских **художников**.

В Лувре хранится много известных во всём мире **картин**.

На выставке были представлены **фотографии** детей.

В субботу мы ходили на **выставку** талантливого молодого художника.

Вчера с друзьями мы ходили в **музей** современного искусства.

Все фотографы имеют дорогие профессиональные **фотоаппараты**.

В нашем семейном альбоме много ярких **цветных** фотографий.

В садике дети учились **рисовать** красками.

Как **называется** самая знаменитая картина Ивана Айвазовского?

Взрослые должны учить детей **ценить** искусство.

| фотографи́ро- | сфотографи́ровать **СВ** | 사진을 찍다, 촬영하다 | 나는 주말마다 공원에 가서 풍경을 찍는 것을 좋아합니다. |

фотографи́ровать **НСВ**
сфотографи́ровать **СВ**

По выходным я люблю ходить в парк и **фотографировать** пейзаж.

Литерату́ра, теа́тр и кино́ 문학, 연극과 영화

а́втор	저자, 작가	작품의 시작 부분에서 저자는 자연을 상세하게 묘사한다.
актёр 남 актри́са 여	배우	관객들은 격렬한 박수로 배우들을 맞이했다.
арти́ст 남 арти́стка 여 бале́та (또는 балери́но 남 балери́на 여)	발레리나, 발레리노	러시아에는 재능있는 발레 무용수가 많다.
бале́т	발레	발레하는 사람들은 매우 인내심이 있고 목표지향적인 사람들이다.
библиоте́ка	도서관	시립 도서관에서는 매우 희귀한 책도 찾을 수 있다.
биле́т	표, 티켓	영화 "아이스" 티켓 두 장 주세요.
брать НСВ взять СВ	(도서관에서 책을) 대출하다	방과 후에는 도서관에 가서 책을 빌려야 한다.
ви́део 불변	동영상, 비디오	아침마다 나는 유튜브에서 재미있는 동영상을 본다.
выступа́ть НСВ вы́ступить СВ	출연하다	유명한 배우들이 시립극장 무대에서 연극 "갈매기"를 공연했다.

В начале произведения **автор** подробно описывает природу.

Зрители встретили **актёров** бурными аплодисментами.

В России много талантливых **артистов балета**.

Балетом занимаются очень терпеливые и целеустремлённые люди.

В городской **библиотеке** можно найти даже самые редкие книги.

Дайте, пожалуйста, два **билета** на фильм «Лёд».

После уроков мне нужно зайти в библиотеку и **взять** книги.

По утрам я смотрю интересные **видео** на YouTube.

Известные актёры **выступили** на сцене городского театра со спектаклем «Чайка».

герóй 남 героúня 여	주인공	영화의 주인공은 20세 정도의 독신 청년이다.
роль 여	역할	연극 "세 자매"에서 막내인 이리나의 역할은 재능있는 여배우가 연기했다.
глáвная роль 여	주역	새로운 영화에서 잘 알려지지 않은 신인배우가 주역을 맡을 것이다.
зал	홀	관람석에서는 전화 통화를 하면 안 된다.
идтú HCB пойтú CB	진행되다, 상영되다	일반적으로 공연은 한 시간 반에서 두 시간 정도 진행된다.
кáсса	매표소	영화관 매표소에 긴 줄이 서있다.
кинотеáтр	영화관	"모스크바" 영화관에는 지금 어떤 영화가 상영되고 있습니까?
кнúга	책, 도서	독서는 기억력을 향상시키고 사고력을 발달시킨다.
комéдия	희극, 코미디	어제 우리는 아주 웃기는 코미디를 봤다.
литератýра	문학	양질의 문학작품을 읽으려고 노력해야 한다.
мéсто	좌석, 장소	신사 숙녀 여러분, 자리에 앉아주십시오.

Главный **герой** фильма — одинокий молодой человек лет двадцати.

Роль младшей сестры Ирины в спектакле «Три сестры» сыграла талантливая актриса.

Главную роль в новом фильме сыграет малоизвестный начинающий актёр.

В зрительном **зале** нельзя разговаривать по телефону.

Обычно спектакль **идёт** полтора-два часа.

У билетной **кассы** кинотеатра стояла большая очередь.

Какие фильмы сейчас идут в **кинотеатре** «Москва»?

Чтение **книг** улучшает память и развивает мышление.

Вчера мы смотрели очень смешную **комедию**.

Нужно стараться читать хорошую качественную **литературу**.

Уважаемые дамы и господа, займите, пожалуйста, ваши **места**.

музыка́льный	음악적, 음악의	당신은 어떤 악기를 연주 할 수 있습니까?
мультфи́льм	만화 영화	모든 아이들은 만화 보는 것을 좋아한다.
о́пера	오페라	당신은 진짜 이탈리아 오페라를 본 적이 있습니까?
петь НСВ спеть СВ	부르다, 노래하다	이 배우는 연기만 잘할 뿐만 아니라 노래도 나쁘지 않게 한다.
писа́тель 남 писа́тельница 여	작가	러시아 작가들의 작품들은 세계적으로 유명하다.
писа́ть НСВ написа́ть СВ	쓰다, 적다	소설 "거장과 마르가리타"의 저자는 누구입니까?
по́весть 여	중편소설	이 책은 여러 작가의 사랑에 대한 작은 중편소설로 이루어져 있다.
пока́зывать НСВ показа́ть СВ	보여주다	설날 밤에 TV에서는 옛 소련 영화를 상영한다.
поэ́т	시인	내가 가장 좋아하는 은세기 시인은 세르게이 예세닌이다.
расска́з	단편소설	부모는 아들에게 가르침이 되는 단편소설집을 선물로 주었다.

На каком **музыкальном** инструменте вы умеете играть?

Все дети любят смотреть **мультфильмы**.

Вы когда-нибудь ходили на настоящую итальянскую **оперу**?

Этот актёр не только хорошо играет, но и неплохо **поёт**.

Произведения русских **писателей** известны во всём мире.

Кто **написал** роман «Мастер и Маргарита»?

Эта книга состоит из небольших **повестей** о любви разных авторов.

В новогоднюю ночь по телевизору **показывают** старые советские фильмы.

Моим любимым **поэтом** Серебряного века является Сергей Есенин.

Родители подарили сыну сборник поучительных **рассказов**.

режиссёр	감독	오늘 TV에는 내가 좋아하는 감독의 영화가 상영될 것이다.
рома́н	소설	나는 오늘 도스토옙스키의 소설 "악령"을 끝까지 읽었다.
ряд	좌석의 줄	우리 좌석은 5열에 있다.
ска́зка	동화, 옛날 이야기	어렸을 때 어머니는 나에게 자기 전에 동화를 읽어 주셨다.
смотре́ть НСВ посмотре́ть СВ	보다	당신은 유명한 러시아 영화 "형제"를 봤습니까?
уви́деть [видеть의 СВ]	보이다	이번 전시에서는 유명 작가들의 그림을 볼 수 있다.
удово́льствие	쾌감, 만족	나는 이 연주를 들으면서 정말 즐거웠다.
стихи́ [단 стих]	시	학생들은 낭송 대회에서 푸쉬킨의 시를 낭송했다.
теа́тр	극장	젊은 시절에 부모님은 자주 극장에 가셨다.
кино́	영화, 영화관	아빠, 우리 영화 보러 가요! 요즘 재미있는 영화를 해요. (상영 중이에요.)
уча́ствовать НСВ만 + в чём (6)	~에 참가하다, 참여하다	새해 공연에는 어떤 배우가 나오나요?

Сегодня по телевизору будет фильм моего любимого **режиссёра**.

Сегодня я дочитала **роман** Достоевского «Бесы».

Наши места находятся в пятом **ряду**.

В детстве мама читала мне **сказку** перед сном.

Вы **смотрели** известный российский фильм «Брат»?

На этой выставке можно **увидеть** картины известных художников.

Я получила огромное **удовольствие**, слушая этот концерт.

На конкурсе чтецов школьники читали **стихи** А. С. Пушкина.

Родители в молодости часто ходили в **театр**.

Папа, пойдём в **кино**! Сейчас идёт интересный фильм.

Какие актёры будут **участвовать** в новогоднем спектакле?

фильм	영화	내 남동생은 공포영화를 좋아한다.
чита́тель 🔠	독자	이 단편소설은 독자들로부터 가장 높은 평가를 받았다.
чита́ть HCB прочита́ть CB	읽다	나는 방학 동안 셰익스피어의 희곡 네 편을 읽었다.

Моему брату нравятся **фильмы** ужасов.

Этот рассказ получил высшую оценку **читателей**.

За каникулы я **прочитала** четыре пьесы Шекспира.

Му́зыка 음악

компози́тор	작곡가	이 영화 음악은 유명한 작곡가가 썼다.
музыка́нт	음악가	모스크바의 아르바트에서는 거리 음악가들의 공연을 볼 수 있다.
дирижёр	지휘자	젊지만 경험이 풍부한 지휘자가 오케스트라를 지휘했다.
арти́ст 남 арти́стка 여	예술가, 연예인	콘서트에서 여러 나라의 예술가들이 공연했다.
певе́ц 남 певи́ца 여	가수	뛰어난 오페라 가수들이 볼쇼이 극장에서 공연한다.
хор	합창	어렸을 때 여동생과 나는 교회 성가대에서 노래했다.
програ́мма конце́рта	음악회 프로그램	홀 입구에서 모든 관중에게 공연 프로그램을 나눠줬다.
му́зыка	음악	나는 스트레스 해소를 위해 클래식 음악을 듣는다.
пе́сня	노래	이 인기있는 러시아 가수는 어제 신곡을 발표했다.

Музыку к этому фильму написал известный **композитор**.

В Москве на Арбате можно увидеть выступления уличных **музыкантов**.

Оркестром руководил молодой, но опытный **дирижёр**.

На концерте выступали **артисты** из разных стран.

В Большом театре выступают выдающиеся оперные **певцы**.

В детстве мы с сестрой пели в церковном **хоре**.

У входа в зал всем зрителям раздавали концертную **программу**.

Для снятия стресса я слушаю классическую **музыку**.

У этой популярной российской певицы вчера вышла новая **песня**.

конце́рт	연주회, 음악회, 콘서트	크리스마스에 궁전에서는 대규모 클래식 음악회가 열릴 것이다.
о́пера	오페라	나는 보로딘의 오페라 "이고르 공"을 여러 번 보러 갔다.
гита́ра	기타	학생 시절 아버지는 자주 기타를 치면서 노래를 하셨다.
пиани́но	피아노	당신은 몇 살 때부터 피아노 연주를 시작했습니까?
скри́пка	바이올린	무대에서 아름다운 바이올린 소리가 들렸다.
та́нец	무용, 춤	이것은 아주 쉬운 춤입니다. 빨리 배우실 거예요.
танцева́ть **НСВ만**	춤추다	춤을 잘 추려면 얼마나 연습해야 합니까?
пле́ер	플레이어	예전에는 사람들은 플레이어로 음악을 들었다.
музыка́льная шко́ла	음악학교	오늘 음악학교에서 우리는 차이콥스키의 작품을 배웠다.
совреме́нная му́зыка	현대음악	젊은이들은 현대음악을 듣는 것을 좋아한다.

На Рождество во дворце будет большой **концерт** классической музыки.

Я ходила на **оперу** Бородина «Князь Игорь» несколько раз.

В студенческие годы папа часто играл на **гитаре** и пел.

Во сколько лет вы начали играть на **пианино**?

Со сцены послышались красивые звуки **скрипки**.

Это очень простой **танец**, вы быстро научитесь.

Сколько нужно тренироваться, чтобы научиться хорошо **танцевать**?

Раньше многие слушали музыку на **плеере**.

Сегодня в **музыкальной школе** мы знакомились с произведениями Чайковского.

Молодёжь любит слушать **современную музыку**.

наро́дная му́зыка	민속음악	나는 민속음악을 전혀 이해하지 못한다.
класси́ческая му́зыка	클래식 음악	이 고급 식당에서는 항상 클래식 음악만 연주된다.
выступа́ть **НСВ** вы́ступить **СВ**	출연하다, 연주하다	러시아 음악가들 다음에는 누가 연주합니까?
петь **НСВ** спеть **СВ**	부르다, 노래하다	러시아어로 노래를 잘 부르시네요!
слу́шать **НСВ** послу́шать **СВ**	듣다	아침에 나는 즐거운 댄스 음악을 듣는다.

Я совсем не разбираюсь в **народной музыке**.

В этом дорогом ресторане всегда играет только **классическая музыка**.

Кто будет **выступать** после музыкантов из России?

Вы отлично **поёте** песни на русском языке!

По утрам я **слушаю** весёлую танцевальную музыку.

Спорт 스포츠

спорт	운동, 스포츠	운동하는 것은 건강에 좋다.
вид спóрта	스포츠의 종목	어떤 스포츠를 좋아합니까?
биатлóн	바이애슬론	바이애슬론은 사격과 크로스컨트리 스키이다.
бобслéй	봅슬레이	북유럽에서 봅슬레이를 좋아한다.
скелетóн	스켈레톤	우리 형은 스켈레톤을 한다.
конькобéжный спорт	스피드 스케이팅	한국은 스피드 스케이팅 챔피언이다.
фигýрное катáние	피겨 스케이팅	피겨 스케이팅은 아주 아름다운 스포츠다.
шорт-трек	쇼트트랙	한국 쇼트트랙 선수들이 1위를 차지했다.
кёрлинг	컬링	컬링 경기를 보는 것은 아주 재미있다.
горнолы́жный спорт	알파인 스키	알파인 스키 챔피언은 누구입니까?
лы́жные гóнки	크로스컨트리 스키	우리와 같이 크로스컨트리 스키를 보러 갈래요?

Заниматься **спортом** полезно для здоровья.

Какой **вид спорта** вам нравится?

Биатлон — это стрельба и бег на лыжах.

В Северной Европе любят **бобслей**.

Мой брат занимается **скелетоном**.

Корея — чемпион по **конькобежному спорту**.

Фигурное катание — очень красивый вид спорта.

Корейские спортсмены по **шорт-треку** заняли первое место.

На соревнования по **кёрлингу** очень интересно смотреть.

Кто чемпион мира по **горнолыжному спорту**?

Пойдём с нами смотреть на **лыжные гонки**?

прыжки́ с трампли́на	스키 점프	어제 우리는 스키 점프에 대한 영화를 봤다.
сноубо́рд	스노보드	내 취미는 스노보드다.
са́нный спорт	루지	베트남 선수들은 한국에서 루지 훈련을 하고 있다.
хокке́й	하키	남자 아이들은 하키를 좋아한다.
академи́ческая гре́бля	조정	조정 경기 규칙을 알고 있습니까?
бадминто́н	배드민턴	여름에는 친구들과 배드민턴을 친다.
баскетбо́л	농구	우리 집 마당에 농구 코트가 있다.
бокс	복싱	우리 언니는 살을 빼려고 복싱을 한다.
борьба́	레슬링	어렸을 때 나는 레슬링을 정말 하고 싶었다.
велоспо́рт	사이클 경주	사이클 경주는 요즘 유행이다.
пла́вание **단수만**	수영	우리는 수영 강습을 받으러 수영장에 다닌다.
синхро́нное пла́вание	싱크로나이즈드 스위밍	한국에서는 싱크로나이즈드 스위밍 연맹이 설립되었다.

Мы вчера смотрели фильм о **прыжках с трамплина**.

Моё хобби — **сноуборд**.

Вьетнамские спортсменки проводят тренировки по **санному спорту** в Корее.

Мальчики любят играть в **хоккей**.

Ты знаешь правила **академической гребли**?

Летом мы с друзьями играем в **бадминтон**.

У нас во дворе есть площадка для **баскетбола**.

Моя сестра занимается **боксом** для похудения.

В детстве я очень хотел заниматься **борьбой**.

Велоспорт сейчас в моде.

Мы ходим в бассейн на занятия по **плаванию**.

В Корее создана федерация **синхронного плавания**.

прыжки́ в во́ду	다이빙	내 친구는 어렸을 때 다이빙을 몹시 하고 싶었다.
волейбо́л	배구	나는 배구를 하기에는 키가 너무 작다.
гандбо́л	핸드볼	우리 학교에서 핸드볼 대회를 하고 있다.
гимна́стика	체조	러시아에서는 많은 아이들이 체조를 한다.
дзюдо́	유도	전에 나는 유도와 태권도를 구별할 수 없었다.
ко́нный спорт	승마	나는 말을 좋아해서 승마를 한다.
лёгкая атле́тика	육상	올해 한국에서 육상 선수권 대회를 할 것이다.
насто́льный те́ннис	탁구	그는 탁구 대회에서 2등을 차지했다.
стрельба́ из лу́ка	양궁	이 여자선수는 양궁 챔피언이다.
стрельба́	사격	나는 대학교에서 사격을 했다.
те́ннис	테니스	우리 막내 아들은 매일 테니스를 친다.

Мой друг в детстве очень хотел заниматься **прыжками в воду**.

У меня слишком маленький рост, чтобы играть в **волейбол**.

В нашей школе проходит чемпионат по **гандболу**.

В России многие дети занимаются **гимнастикой**.

Раньше я не мог отличить **дзюдо** от тхэквондо.

Я занимаюсь **конным спортом**, потому что люблю лошадей.

В этом году в Корее будет чемпионат по **лёгкой атлетике**.

Он занял второе место на соревнованиях по **настольному теннису**.

Эта спортсменка — чемпионка по **стрельбе из лука**.

Я занимался **стрельбой** в университете.

Мой младший сын занимается **теннисом** каждый день.

тхэквондо́	태권도	태권도는 올림픽 스포츠 종목이다.
тяжёлая атле́тика	역도	여자들도 역도를 합니까?
фехтова́ние	펜싱	한국은 펜싱 챔피언이다.
футбо́л	축구	최근에 러시아에서 월드컵이 개최되었다.
хокке́й на траве́	필드하키	나는 필드하키 경기를 본 적이 없다.
бейсбо́л	야구	한국에서는 야구가 인기있다.
гольф	골프	우리 아버지는 친구들과 자주 골프를 친다.
игра́ го	바둑	나는 어렸을 때부터 바둑을 좋아한다.
ша́хматы	체스	삼촌은 체스를 하고 저녁을 같이 먹자고 제안했다.
спортсме́н 남 спортсме́нка 여	운동선수	운동선수는 성격이 강하다.
футболи́ст	축구 선수	나는 축구 선수가 되고 싶었다.
хокке́ист	하키 선수	하키 선수들은 훈련을 많이 한다.

Тхэквондо — олимпийский вид спорта.

Женщины тоже занимаются **тяжёлой атлетикой**?

Корея — чемпион мира по **фехтованию**.

Недавно в России прошёл чемпионат мира по **футболу**.

Я никогда не видел соревнования по **хоккею на траве**.

В Корее популярен **бейсбол**.

Мой папа часто играет в **гольф** с друзьями.

Я с детства люблю **игру го**.

Дядя предложил сыграть в **шахматы** и вместе поужинать.

У **спортсменов** сильный характер.

Я хотел стать **футболистом**.

Хоккеисты много тренируются.

шахмати́ст	체스 기사	최근에 체스 플레이어에 대한 아주 재미있는 드라마를 보았다.
игра́	경기, 게임	축구 경기 시간은 90분이다.
встре́ча	대전, 경기	어제는 우리 이웃학교와 친선경기를 가졌다.
игра́ть НСВ сыгра́ть СВ + во что(4)	~을 하다, 경기하다	너는 어떤 스포츠를 할 수 있니?
чемпио́н	챔피언	어떻게 세계 챔피언이 될 수 있을까?
лы́жи	스키	우리 집에는 스키가 있다.
мяч	공, 볼	좋은 축구 공을 추천해주세요.
бассе́йн	수영장	나는 수영강습을 받으러 수영장에 등록했다.
зал	체육관	우리 동네에 새로운 체육관이 개관했다.
стадио́н	경기장	월드컵을 위해 새로운 경기장을 세웠다.
спорти́вный клуб	스포츠 클럽	이바노프는 어떤 스포츠 클럽의 선수입니까?

Недавно я смотрел очень интересный сериал про **шахматистку**.

Время **игры** в футбол — девяносто минут.

Вчера у нас прошла товарищеская **встреча** с соседней школой.

Во что ты умеешь **играть**?

Как стать **чемпионом** мира?

У меня дома есть **лыжи**.

Посоветуйте мне хороший футбольный **мяч**.

Я записался в **бассейн** на уроки по плаванию.

В нашем районе открылся новый спортивный **зал**.

К чемпионату мира построили новый **стадион**.

За какой **спортивный клуб** играет Иванов?

занима́ться **НСВ** заня́ться **СВ** + чем(5)	하다, 일삼다, 종사하다	당신은 어떤 운동을 합니까?
уча́ствовать **НСВ만** + в чём(6)	~에 참가하다, 참여하다	우리 팀은 올림픽에 참여하지 않는다.
выступа́ть **НСВ** вы́ступить **СВ**	나오다, 참여하다	당신은 오늘 경기에 출전합니까?
побежда́ть **НСВ** победи́ть **СВ**	이기다	우리가 러시아 팀을 이겼다!
бе́гать **НСВ만**	뛰다	그는 세계에서 가장 빨리 달린다.
бежа́ть **НСВ** убежа́ть **СВ**	뛰다	우리는 오늘 마라톤을 한다.
е́хать **НСВ만** + куда(4) + отку́да(2)	(교통 수단을 이용해) 가다	나는 지금 학교에서 집으로 가고 있다.
пла́вать **НСВ만** + куда (4)	수영하다, 항행하다	너는 수영할 줄 아니?
спорти́вный	스포츠의	여름에 아이들은 스포츠 캠프에 간다.
си́льный	강한, 힘센	오늘 밖에 강한 바람이 불어요. 조심하세요!
бы́стро **부**	빨리	주말은 항상 아주 빨리 지나간다.

Каким видом спорта вы **занимаетесь**?

Наша команда не **участвует** в олимпиаде.

Вы сегодня **выступаете** на соревнованиях?

Мы **победили** команду России!

Он **бегает** быстрее всех в мире.

Мы сегодня **бежим** марафон.

Я сейчас **еду** домой из университета.

Ты умеешь **плавать**?

Летом дети поедут в **спортивный** лагерь.

Сегодня на улице **сильный** ветер, будьте осторожны.

Выходные всегда проходят очень **быстро**.

вперёд 🔹	앞으로	앞으로 가세요. 멈추지 말고요.
высоко́ 🔹	높이	하늘에서 비행기가 높이 날아갔다.
далеко́ 🔹	멀리	이 회사의 사무실은 내 집에서 매우 멀리 있다.

Проходите **вперёд**, не останавливайтесь.

Высоко в небе пролетел самолёт.

Офис этой компании очень **далеко** от моего дома.

Отдых и праздники 휴식, 명절

пра́здник	명절, 기념일	5월에는 기념일이 많다.
выходно́й день	휴일	러시아에서 오늘은 휴일이다. 국가두마 선거일이다.
о́тпуск	휴가	너는 언제 휴가를 보낼거니?
кани́кулы **복수만**	방학	학생들은 지금 여름 방학이다.
о́тдых	휴식	해변에서의 즐거운 휴식 이후 출근하는 것은 힘이 든다.
свобо́дное вре́мя	자유시간	너는 자유시간을 보통 어떻게 보내니?
росси́йские пра́здники	러시아 명절, 러시아 기념일	모든 러시아인이 러시아 기념일을 다 아는 것은 아니다.
Но́вый год	새해	우리는 새해를 친구들과 함께 맞이한다.
Рождество́	성탄절, 크리스마스	러시아에서 크리스마스는 1월 7일이다.
Междунаро́дный же́нский день	세계 여성의 날	세계 여성의 날은 1911년에 오스트리아에서 처음으로 기념되었다.

В мае много **праздников**.

В России сегодня **выходной день** — день выборов в Думу.

Когда у тебя будет **отпуск**?

У школьников сейчас летние **каникулы**.

После приятного **отдыха** на пляже трудно идти на работу.

Как ты обычно проводишь своё **свободное время**?

Не все русские люди знают обо всех **российских праздниках**.

Мы всегда встречаем **Новый год** вместе с друзьями.

В России **Рождество** отмечают 7 января.

Международный женский день был впервые отмечен в Австрии в 1911 году.

День защи́т-ника оте́чества	조국 수호의 날	조국 수호의 날에는 모든 남성에게 선물을 준다.
День свято́го Валенти́на	밸런타인데이	그녀는 밸런타인데이에 애인에게서 선물을 받았다.
ма́сленица	마슬레니차	엄마는 마슬레니차에 블린을 구웠다.
Па́сха	부활절	우리는 부활절에 교회에 간다.
День весны́ и труда́	노동절	노동절에 모든 노동자들은 쉰다.
День Побе́ды	전승기념일	전승기념일에 러시아의 많은 도시에서 군사 퍼레이드가 열린다.
День Росси́и	러시아의 날	러시아의 날은 우리나라의 가장 새로운 기념일 중 하나다.
День конститу́ции	제헌절	러시아에서 제헌절은 공휴일이 아니다.
День наро́дного еди́нства	국민 통합의 날	국민 통합의 날은 11월 4일에 기념한다.
коре́йские пра́здники	한국 명절, 기념일	당신은 어떤 한국 명절을 알고 있습니까?
Лу́нный Но́вый год	설날	설날에 한국에서는 쌀로 만든 떡국을 먹는다.

В **День защитника отечества** всем мужчинам дарят подарки.

Она получила подарок от любимого в **День святого Валентина**.

Мама испекла блины на **масленицу**.

Мы ходим в церковь на **Пасху**.

В **День весны и труда** все работники отдыхают.

В **День Победы** во многих городах России проходят военные парады.

День России — один из самых молодых государственных праздников нашей страны.

В России **День конституции** — не выходной день.

День народного единства отмечают четвёртого ноября.

Какие **корейские праздники** вы знаете?

В **Лунный Новый год** в Корее едят суп с рисовыми клецками — ттоккук.

День Большо́го полнолу́ния	정월대보름	전에는 정월대보름이 가장 큰 명절이었다.
Чхусо́к	추석	추석은 음력 8월 15일이다.
День первома́ртовского движе́ния	삼일절	삼일절에는 한국인들은 독립운동가들을 기억한다.
День роди́телей	어버이날	어버이날에는 부모님께 선물을 드리고 감사를 표현한다.
День дете́й	어린이날	어린이날에는 많은 가족들이 아이를 데리고 놀이공원에 간다.
День учи́теля	스승의 날	스승의 날에 우리는 선생님들께 꽃을 선물한다.
День рожде́ния Бу́дды	부처님 오신 날	부처님 오신 날을 기념하는 연등 축제에 같이 갈까요?
День коре́йской пи́сьменности Хангы́ль	한글날	한글날에 전국에서 백일장을 진행한다.
День па́мяти (поги́бших во вре́мя вое́нной слу́жбы)	현충일	현충일은 모든 한국 국민에게 아주 중요한 날이다.

Раньше **День Большого полнолуния** был самым большим праздником.

Чхусок отмечают 15 (пятнадцатого) числа 8 (восьмого) лунного месяца.

В **День первомартовского движения** корейцы вспоминают борцов за независимость страны.

В **День родителей** принято дарить родителям подарки и благодарить их.

В **День детей** многие семьи с детьми идут в парк развлечений.

В **День учителя** мы дарим учителям цветы.

Пойдём на фестиваль лотосовых фонарей в честь **дня рождения Будды**?

В **День корейской письменности** по всей стране проводят конкурсы сочинений.

День памяти — очень важный день для всех корейцев.

День незави́симости Коре́и	광복절	광복절은 일본으로부터 해방을 기념한다.
день рожде́ния	생일	한국에서는 생일을 어떻게 보냅니까?
гость 남 го́стья 여 [복 го́сти]	손님	어제 우리 집에는 손님이 많이 있었다.
хозя́ин 남 хозя́йка 여 [복 хозя́ева]	주인	여주인은 맛있는 점심을 준비했다.
де́тский	아이의, 어린이의	명절에 우리는 아이들용 식사를 항상 따로 차린다.
спорти́вный	스포츠의	오늘은 아들 학교에 운동회가 있다.
справля́ть НСВ спра́вить СВ	보내다	당신은 크리스마스를 어떻게 보냅니까?
устра́ивать НСВ устро́ить СВ вечери́нку	파티를 하다	우리 친구들은 새해맞이 파티를 준비했다.
организо́вывать НСВ организова́ть СВ пра́здник	행사를 준비하다	파티 준비 좀 도와주세요! 나 혼자서는 할 수 없어요!

В **День независимости Кореи** отмечается её освобождение от японского ига.

Как в Корее отмечают **день рождения**?

Вчера у нас дома было много **гостей**.

Хозяйка приготовила вкусный обед.

На праздники мы всегда накрываем **детский** стол отдельно.

Сегодня у сына в школе **спортивный** праздник.

Как вы **справляете** Рождество?

Наши друзья **устроили** новогоднюю вечеринку.

Помогите мне **организовать** этот **праздник**! Я одна не справлюсь!

отдыха́ть **НСВ** отдохну́ть **СВ**	쉬다	우리는 명절 때 잘 쉬었다.
гуля́ть **НСВ** погуля́ть **СВ**	놀다	새해에는 모두가 아침까지 논다.
приглаша́ть **НСВ** пригласи́ть **СВ**	초대하다	새해에 그는 나를 집에 초대했다.
поздравля́ть **НСВ** поздра́вить **СВ** + кого(4) + с чем(5)	축하하다	생일 축하해!
жела́ть **НСВ** пожела́ть **СВ** + чего(2) + кому(3)	바라다, 기원하다	당신의 행복과 건강을 기원합니다!

Мы хорошо **отдохнули** в праздники.

В Новый год все **гуляют** до утра.

Он **пригласил** меня в гости на Новый год.

Поздравляю тебя с днём рождения!

Желаем вам счастья и здоровья!

Путеше́ствия, тури́зм 여행, 관광

тури́ст 남 тури́стка 여	관광객	이 도시에는 관광객이 항상 많다.
прие́зд	도착, 방문	그들의 도착은 이틀 동안 지연되었다.
маши́на	자동차	우리는 자동차로 여행을 많이 한다.
доро́га	길, 도로	마을 중앙 광장에서 교회까지 넓은 길이 이어진다.
ста́нция	역, 정거장	나는 지하철역까지 걸어가기로 했다.
остано́вка	정류장	호텔에서 박물관까지 버스로 한 정류장이에요.
ка́сса	매표소	성 이삭 대성당 매표소 앞에 긴 줄이 서있다.
биле́т	표, 티켓	나는 견학을 위한 모든 표를 인터넷에서 산다.
экску́рсия	견학	내일 우리는 오래된 도시로 견학을 간다.
ка́рта	지도	여행경로 지도를 미리 다운로드하세요.

В этом городе всегда много **туристов**.

Их **приезд** откладывается на два дня.

Мы много путешествуем на **машине**.

От центральной площади села идёт широкая **дорога** к церкви.

Я решил пойти пешком до **станции** метро.

От отеля до музея всего одна **остановка** на автобусе.

У билетной **кассы** в Исаакиевский собор стоит длинная очередь.

Я покупаю все **билеты** на экскурсии в интернете.

Завтра мы поедем на **эксурсию** по старому городу.

Скачайте **карту** вашего маршрута заранее.

план	도안, 도면, 약도	나는 도시의 상세한 지도가 없고 약도만 있다.
грани́ца	경계, 국경	유럽 국가들 사이의 국경은 열려 있다.
ви́за	비자	러시아를 여행하는 데 비자가 필요하지 않다.
па́спорт	여권	여행을 가기 전에 여권 유효기간을 확인하세요.
сувени́р	기념품	우리는 기념품을 살 시간조차 없었다.
путеше́ствовать **НСВ만**	여행하다	여름에 우리는 러시아 전역을 여행했다.
идти́ пешко́м **НСВ만**	걸어가다	사람은 시속 4km의 속도로 걷는다.
пойти́ **СВ만**	가다	우리랑 영화 보러 갈래?
переходи́ть **НСВ** перейти́ **СВ** + через что(4)	건너가다	당신은 여기에서 횡단보도로 길을 건너면 됩니다.
ходи́ть **НСВ만**	다니다	나와 친구는 한국어 학원에 다닌다.
е́хать **НСВ만** + куда(4) + откуда(2)	(교통 수단을 이용해) 가다	이번에 우리는 부모님 댁에 기차를 타고 가기로 했다.

У меня нет с собой подробной карты города, только **план**.

Границы между европейскими государствами открыты.

Для поездки в Россию вам не нужна **виза**.

Перед поездкой проверьте срок действия вашего **паспорта**.

У нас не было времени даже купить **сувениры**.

Летом мы **путешествовали** по всей России.

Человек **идет пешком** со скоростью 4км/ч.

Ты не хочешь **пойти** с нами в кино?

Вы можете **перейти** через дорогу вот здесь, по переходу.

Мы с подругой **ходим** на курсы корейского языка.

В этот раз мы решили **ехать** к родителям на поезде.

е́здить **НСВ만**	(교통 수단을 이용해) 다니다	우리는 자주 하루 이틀 정도 산이나 바다에 쉬러 간다.
пое́хать **СВ만** + куда(4)	(타고) 출발하다, 가다	여름에 나와 남편은 제주도로 휴가를 간다.
доезжа́ть **НСВ** дое́хать **СВ** + до чего(2)	도착하다	친구들은 마침내 긴 여행을 마치고 집에 도착했다.
возвраща́ться **НСВ** верну́ться **СВ** + куда(4) + откуда (2)	돌아오다	내일 우리 부모님은 유럽 여행에서 집으로 돌아온다.
смотре́ть **НСВ** посмотре́ть **СВ**	보다	나의 막내 아들은 몇 시간 동안 기차 창문 밖을 보는 것을 좋아한다.
осма́тривать **НСВ** осмотре́ть **СВ**	둘러보다	하루 동안 우리는 에르미타주 컬렉션의 일부만 볼 수 있었다.

Мы часто **ездим** отдыхать на море или в горы на один-два дня.

Летом мы с мужем **поедем** отдыхать на Чеджу.

Друзья наконец-то **доехали** до дома после долгого путешествия.

Завтра мои родители **возвращаются** домой из поездки по Европе.

Мой маленький сын любит часами **смотреть** в окно поезда.

За день мы смогли **осмотреть** только часть коллекции Эрмитажа.

ЖИЗНЬ В ГОРОДЕ, ТРАНСПОРТ, КОММУНИКАЦИЯ

도시생활, 교통, 소통

Тра́нспорт
교통

Ме́сто прожива́ния и рабо́ты, учрежде́ния
거주지, 근무지, 기관

Коммуника́ция
소통, SNS

Докуме́нты, печа́тная проду́кция
서류, 인쇄물

Этике́т
예절

Трáнспорт 교통

автóбус	버스	버스 도착 시간은 앱으로 확인할 수 있다.
маши́на	자동차	우리는 무거운 짐이 있어서 차를 타고 가기로 결정했다.
метрó **불변**	지하철	우리 도시에는 아직 지하철이 없다.
такси́ **중 불변**	택시	공항으로 택시를 불러주세요.
трамвáй	전차	전에는 한국에도 전차가 있었다.
троллéйбус	트롤리버스, 무궤도전차	무궤도전차는 친환경 교통수단이다.
пóезд	기차	너는 기차 여행을 좋아하니?
вагóн	차량	우리는 당신과 같은 차량의 표가 있다.
мéсто	자리, 좌석	당신은 창가 좌석을 원하십니까? 통로 좌석을 원하십니까?
корáбль **남**	배, 선박	그는 바닷가 카페에서 앉아서 배를 보는 것을 아주 좋아한다.
самолёт	비행기	이것은 신뢰할 수 있는 가장 최신의 항공기 모델입니다.

Время прибытия **автобуса** можно проверить по приложению.

У нас тяжёлый багаж, поэтому мы решили ехать на **машине**.

В нашем городе пока нет **метро**.

Помогите мне, пожалуйста, вызвать **такси** в аэропорт.

Раньше и в Корее были **трамваи**.

Троллейбус — очень экологичный вид транспорта.

Ты любишь путешествовать на **поезде**?

У нас с вами билеты в один **вагон**.

Вы хотите **место** у окна или у прохода?

Он очень любит сидеть в кафе на берегу моря и смотреть на **корабли**.

Это самая новая и надёжная модель **самолёта**.

ка́сса	매표소	역의 매표소는 입구의 바로 맞은 편에 있다.
биле́т	표, 티켓	비행기 표는 예매한 후 1일 이내에 결제해야 한다.
пое́здка	여행	우리는 급한 일로 여행을 연기하게 됐다.
прие́зд	도착, 방문	우리는 당신 방문을 준비하고 있으며 공항에서 마중하면 좋겠습니다.
остано́вка	정류장	버스가 방금 떠나서 정류장에 아무도 없었다.
ста́нция	역, 정거장	서울의 지하철은 역마다 이름과 번호가 있다.
вокза́л	기차역	기차가 어느 역에서 출발하는지 꼭 미리 확인하세요.
аэропо́рт	공항	비행기가 어느 공항에 도착합니까?
городско́й тра́нспорт	시내 교통	서울은 시내 교통 시스템이 아주 편리하다.
сле́дующий (по́езд, остано́вка)	다음 (열차, 정류장)	문이 닫힙니다. 다음 역은 약수역입니다.

Касса вокзала находится прямо напротив входа.

Билеты на самолёт нужно оплатить в течение дня после бронирования.

Нам пришлось отложить **поездку** из-за срочных дел.

Мы готовимся к вашему **приезду** и будем рады встретить вас в аэропорту.

Автобус только что ушёл, поэтому на **остановке** никого не было.

У каждой **станции** сеульского метро есть название и номер.

Обязательно проверьте заранее, с какого **вокзала** отправляется ваш поезд.

В какой **аэропорт** прилетает ваш самолёт?

В Сеуле очень удобная система **городского транспорта**.

Двери закрываются, **следующая** станция Яксу.

бы́стро 부	빨리	공항까지 어떻게 빨리 갈 수 있는지 알려주세요.
ме́дленно 부	천천히	무궁화호는 아주 느리게 간다.
арендова́ть HCB и CB	임대하다	제주도에 가면 차를 미리 렌트하는 것을 잊지 마세요.
води́ть HCB вести́ CB	운행하다, 운전하다	올해 나는 꼭 운전을 꼭 배워서 면허를 딸 것이다.
сади́ться HCB сесть CB + на что(4)	~을 타다, ~에 앉다	뒷자리에 타세요, 거기가 더 편합니다.
де́лать HCB сде́лать CB переса́дку	환승을 하다	당신은 충무로역에서 환승을 해야 합니다.
е́хать HCB만 + куда(4) + отку́да(2)	(교통 수단을 이용해) 가다	기차표를 사려고 반드시 기차역에 갈 필요가 없다.
пое́хать CB만 + куда(4)	(타고) 출발하다, 가다	기숙사는 여름에 문을 닫기 때문에, 우리는 집으로 갈 것이다.
прие́хать + куда(4) + отку́да(2)	(타고) 오다	이 학생은 어느 도시에서 왔습니까?

Подскажите, пожалуйста, как нам **быстро** добраться до аэропорта?

Поезд типа «Мугунхва» идёт очень **медленно**.

Если вы едете на Чеджу, не забудьте заранее **арендовать** машину.

В этом году я обязательно научусь **водить** машину и получу права.

Садитесь на заднее сиденье, там удобнее.

Вам нужно **сделать пересадку** на станции Чхунмуро.

Чтобы купить билеты на поезд, не обязательно **ехать** на вокзал.

Общежитие летом закрывается, поэтому мы **поедем** домой.

Из какого города **приехал** этот студент?

уезжа́ть НСВ уе́хать СВ + куда(4) + отку́да(2)	(타고) 가다, 떠나다	그는 서울에서 부산으로 갔다.
идти́ НСВ пойти́ СВ + куда(4) + отку́да(2)	걸어가다, 진행되다	이 거리는 시내에서 대학교로 이어진다.
приходи́ть НСВ прийти́ СВ + куда(4) + отку́да(2)	오다, 도착하다	오늘 우리 집에 저녁식사하러 오세요.
входи́ть НСВ войти́ СВ + куда(4) + отку́да(2)	들어가다	우리는 이미 현관으로 들어갔고, 엘리베이터에 타고 있다.
выходи́ть НСВ вы́йти СВ + куда(4) + отку́да(2)	나가다	나는 매일 아침 8시에 집에서 나온다.
уходи́ть НСВ уйти́ СВ + куда(4) + отку́да(2)	가다, 떠나다	벌써 가? 조금만 더 있어!

Он **уехал** из Сеула в Пусан.

Эта улица **идёт** из центра города к университету.

Приходи сегодня к нам в гости на ужин.

Мы уже **вошли** в подъезд, поднимаемся на лифте.

Я каждый день **выхожу** из дома в восемь часов утра.

Ты уже **уходишь**? Посиди ещё немного!

лета́ть **НСВ만** + куда(4)	~로 날아가다	내 친구는 일하러 외국에 자주 간다.
лете́ть **НСВ** полете́ть **СВ**	날아가다	이 비행기는 서울에서 모스크바로 간다.
пла́вать **НСВ만** + куда (4)	수영하다, 항해하다	나는 바다에서 수영하는 것을 매우 좋아한다.
плыть **НСВ** поплы́ть **СВ** + куда(4) + откуда(2)	수영하다, 항해하다	우리 유람선은 싱가포르로 항해하고 있다.
кури́ть **НСВ만**	흡연하다	우리 호텔은 금연입니다.

Моя подруга часто **летает** за границу по делам.

Этот самолёт **летит** из Сеула в Москву.

Я очень люблю **плавать** в море.

Наш круизный лайнер **плывёт** в Сингапур.

В нашем отеле нельзя **курить**.

Ме́сто прожива́ния и рабо́ты,

возвраща́ться **НСВ** верну́ться **СВ** + куда(4) + отку́да(2)	돌아오다	파샤, 러시아로 언제 돌아가니?
а́дрес	주소	집 주소를 알려주세요.
столи́ца	수도	작은 도시의 주민 대부분이 수도로 이주하기를 원한다.
го́род	도시	너는 어느 도시에서 왔니?
городско́й	도시의	자전거와 킥보드는 일반적인 (익숙한) 도시 교통 수단이 되었다.
моско́вский	모스크바의	모스크바의 지하철은 관광 명소 중 하나이다.
сеу́льский	서울의	서울역에서 고속 열차가 출발한다.
дере́вня	시골	시골에는 나이든 사람들이 많이 산다.
райо́н	지역	우리 동네에 새로운 학교를 세웠다.
центр	시내	주말에는 시내에 사람이 많다.

учрежде́ния 거주지, 근무지, 기관

Паша, когда ты **вернёшься** в Россию?

Назовите, пожалуйста, свой домашний **адрес**.

Многие жители маленьких городов хотят переехать в **столицу**.

Из какого **города** ты приехала?

Велосипеды и самокаты стали привычным **городским** транспортом.

Московское метро — одна из достопримечательностей города.

С **Сеульского** вокзала отправляются скоростные поезда.

В **деревнях** живёт много пожилых людей.

В нашем **районе** построили новую школу.

В выходные в **центре** города много людей.

у́лица	거리	거의 러시아의 모든 도시에는 레닌 거리가 있다.
пло́щадь 여	광장	매년 붉은 광장에 많은 관광객이 온다.
проспе́кт	대로	중앙대로에 오래된 건물이 많이 있다.
перехо́д	횡단, 건널목	학교 근처에는 항상 신호등과 횡단보도가 많이 있다.
па́мятник	동상, 기념비	3시에 체홉 동상 근처에서 만납시다.
дом	집	이 집에서 산 지 얼마나 됐습니까?
зда́ние	건물	건물 1층에 가게와 카페가 있다.
вокза́л	기차역	기차는 기차역에서 아침 9시 정각에 출발한다.
ста́нция	역, 정거장	스포르티브나야 역은 어디에 있습니까?
остано́вка	정류장	우리는 다음 정류장에 내린다.
мили́ция (поли́ция)	경찰	공휴일 동안 거리에 경찰이 많이 있다.

Почти в каждом городе России есть **улица** Ленина.

Каждый год на Красную **площадь** приезжает множество туристов.

На Центральном **проспекте** находится много старых зданий.

Возле школ всегда много светофоров и пешеходных **переходов**.

Давай встретимся в три часа возле **памятника** Чехову.

Как давно вы живёте в этом **доме**?

На первом этаже **здания** расположены магазины и кафе.

Поезд отправляется с **вокзала** ровно в девять часов утра.

Где находится **станция** метро «Спортивная»?

Мы выходим на следующей **остановке**.

Во время праздников на улицах много сотрудников **полиции**.

посо́льство	대사관	당신은 자국 대사관에서 새로운 여권을 받을 수 있다.
банк	은행	우리는 은행에서 대출을 받고 싶다.
по́чта	우체국	서류 원본은 우편으로 보내주세요.
апте́ка	약국	기침약을 사러 약국에 들러야 한다.
поликли́ника	종합진료소	엄마는 시립병원에서 의사로 일하고 있다.
гости́ница	호텔	당신은 어느 호텔에서 머물었습니까?
дворе́ц	궁	관광객들은 황궁이 아주 마음에 들었다.
собо́р	사원, 성당	우스펜스키 대성당은 모스크바에서 가장 오래된 건물 중 하나다.
библиоте́ка	도서관	보통 집에서 공부합니까? 아니면 도서관에서 공부합니까?
вы́ставка	전시회	주말에 우리는 유명한 러시아 화가의 전시회에 간다.
галере́я	갤러리, 미술관	중앙 갤러리에서는 항상 재미있는 전시회가 진행된다.

Вы можете получить новый паспорт в **посольстве** своей страны.

Мы хотим взять кредит в **банке**.

Оригиналы документов отправьте по **почте**, пожалуйста.

Мне нужно зайти в **аптеку** за лекарством от кашля.

Мама работает врачом в городской **поликлинике**.

В какой **гостинице** вы отсановились?

Туристам очень понравился императорский **дворец**.

Успенский **собор** — одно из самых старых зданий Москвы.

Вы обычно занимаетесь дома или в **библиотеке**?

На выходных мы идём на **выставку** известного русского художника.

В центральной **галерее** всегда проходят интересные выставки.

клуб	클럽	젊은 사람들은 나이트클럽에서 노는 것을 좋아한다.
музе́й	박물관	학생들은 역사 박물관으로 견학을 간다.
теа́тр	극장	지금 드라마 극장에서는 어떤 연극이 상연되고 있습니까?
цирк	서커스	세계적으로 유명한 '태양의 서커스' 공연을 보는 것이 내 소원이다.
зоопа́рк	동물원	우리는 동물원에서 아주 웃긴 원숭이를 봤다.
парк	공원	저녁마다 나는 개를 데리고 공원에서 산책한다.
сад	정원	할머니의 정원은 채소와 과일이 자라고 있다.
кио́ск	가판대	아버지는 가판대에서 담배 한 갑을 샀다.
магази́н	가게, 상점, 매장	마샤, 수업 후에 가게에 들러서 우유를 사 와라.
универма́г	백화점	우리 집 근처에는 대형 백화점이 있다.

Молодёжь любит гулять в ночных **клубах**.

Школьники идут на экскурсию в исторический **музей**.

Какие спектакли идут сейчас в драматическом **театре**?

Я мечтаю увидеть выступление всемирно известного «**Цирка** дю Солей».

Мы видели очень смешных обезьян в **зоопарке**.

По вечерам я гуляю со своей собакой в **парке**.

У бабушки в **саду** растут овощи и фрукты.

Папа купил пачку сигарет в **киоске**.

Маша, после школы зайди в **магазин** за молоком.

Возле нашего дома находится большой **универмаг**.

кафе́ **불변**	카페, 경식당	이 카페에서 아주 맛있는 커피를 만든다.
рестора́н	레스토랑, 음식점	이 레스토랑에는 다양한 고기 요리가 있다.
столо́вая **명**	식당	학생 식당은 저렴하고 맛있다.
бассе́йн	수영장	날씨가 따뜻할 때 수영장에 수영하러 간다.
стадио́н	운동장	결승전이 모스크바 루즈니키 운동장에서 열릴 예정이다.
общежи́тие	기숙사	기숙사에서는 1학년 학생만 살 수 있다.
шко́ла	학교	학교를 졸업한 후 나는 의과 대학에 입학하고 싶다.
институ́т	단과 대학교	누나는 동양 언어 단과 대학교에서 중국어를 공부한다.
университе́т	대학교	당신의 대학교에는 몇 명의 학생이 공부하고 있습니까?
фи́рма	회사	한 달 후에 나는 다른 회사로 이직할 계획이 있다.
фа́брика	공장	"모스크바" 제과 공장의 초콜릿을 먹어 봤습니까?

В этом **кафе** делают очень вкусный кофе.

В этом **ресторане** очень большой выбор мясных блюд.

В студенческой **столовой** вкусно и недорого.

В тёплую погоду мы ходим плавать в **бассейн**.

Финальный матч будет проходить на **стадионе** «Лужники» в Москве.

В **общежитие** могут заселиться только студенты первого курса.

После окончания **школы** я хочу поступить в медицинский университет.

Моя сестра изучает китайский язык в **институте** восточных языков.

Сколько студентов учится в вашем **университете**?

Через месяц я планирую перейти на работу в другую **фирму**.

Вы пробовали шоколад кондитерской **фабрики** «Москва»?

заво́д	공장	오빠는 자동차 공장에서 엔지니어로 일한다.
городско́й	도시의	도시의 주요 광장에서 집회가 자주 열린다.
центра́льный	시내의	시립 도서관은 도시의 중심 지역에 위치한다.
жить HCB만	살다	우리 기숙사에는 외국인 학생들이 많이 살고 있다.
побыва́ть CB만	방문하다	당신은 꼭 상트페테르부르크에 방문해야 합니다.

Брат работает инженером на автомобильном **заводе**.

На главной **городской** площади часто проходят митинги.

Городская библиотека находится в **центральном** районе города.

В нашем общежитии **живёт** много иностранных студентов.

Вы обязательно должны **побывать** в Санкт-Петербурге.

Коммуника́ция 소통, SNS

разгово́р	회화, 대화	어제 우리는 교수님과 재미있는 대화를 나눴다.
расска́з	이야기	모두가 주의 깊게 인도 여행에 대한 내 이야기를 듣고 있었다.
язы́к	언어	당신은 대학교에서 어떤 언어로 강의들을 듣습니까?
переда́ча	방송 프로그램	동물 프로그램은 몇 시에 방송됩니까?
но́вость 여	뉴스	아이들은 뉴스를 보는 것을 좋아하지 않는다.
социа́льная сеть 또는 соцсе́ть	SNS, 소셜 네트워크 서비스	우리 언니는 많은 시간 동안 SNS에 빠져있다.
блог	블로그	3년 전에 나는 요리 블로그를 시작했다.
влог	브이로그	요즘 동물에 대한 브이로그가 인기를 끌고 있다.
ме́ссенджер	메신저	나는 친구들과 메신저로 매일 연락하고 있다.

Вчера у нас с профессором был интересный **разговор**.

Все с большим вниманием слушали мой **рассказ** о поездке в Индию.

На каком **языке** вы слушаете лекции в университете?

В котором часу будут показывать **передачу** о животных?

Дети не любят смотреть **новости**.

Моя сестра сидит в **социальных сетях** часами.

Три года назад я начала вести кулинарный **блог**.

В последнее время стали популярны **влоги** о животных.

Мы с друзьями каждый день переписываемся в **мессенджере**.

сообще́ние	메시지	나는 생일 때 많은 축하 전화와 메시지를 받았다.
голосово́е сообще́ние	음성 메시지	나는 언니가 전화를 안 받아서 음성 메시지를 남겼다.
пост	게시글	이 블로거는 아주 재미있고 유익한 게시물을 작성한다.
смс	문자메시지	네 전화에 문자메시지가 온 것 같아.
фо́то **불변** **단수만**	사진	너는 매일 SNS에 사진을 업로드하니?
се́лфи **불변** **단수만**	셀카	요즘 많은 사람들은 스마트폰으로 셀카를 찍는 것을 좋아한다.
фолло́вер	팔로워	너는 인스타그램 팔로워가 몇 명이니?
ра́дио **불변** **단수만**	라디오	나는 아침마다 라디오를 듣는다.
телеви́зор	TV, 텔레비전	부모들은 아이들에게 TV를 오랫동안 보는 것을 허락하지 않는다.
телефо́н	전화, 전화기	당신은 부모님과 통화를 자주 합니까?
откры́тка	엽서, 카드	여성의 날에 아이들은 엄마에게 꽃과 카드를 선물했다.

На день рождения я получила много поздравительных звонков и **сообщений**.

Я не смогла дозвониться до сестры и оставила **голосовое сообщение**.

Этот блогер пишет очень интересные и познавательные **посты**.

Кажется, тебе на телефон пришло **смс**.

Ты каждый день загружаешь **фото** в социальные сети?

Сейчас многие любят делать **селфи** на смартфоне.

Сколько у тебя **фолловеров** в инстаграме?

Я слушаю **радио** по утрам.

Родители не разрешают детям долго смотреть **телевизор**.

Вы часто разговариваете по **телефону** с родителями?

На восьмое марта дети подарили маме цветы и **открытку**.

письмо́	편지	12월에 어린아이들은 산타클로스에게 편지를 쓴다.
конве́рт	우편 봉투	국제 우편용 봉투 2매 주세요.
телегра́мма	전보	당신의 전보는 3시간 후에 도착할 예정입니다.
факс	팩스	필요한 서류를 모두 팩스로 보내주세요.
гро́мко 부	큰소리로	실례지만 통화를 너무 큰소리로하시네요!
ти́хо 부	조용히	우리는 조용히 앉아서 TV를 봤다.
писа́ть НСВ написа́ть СВ	쓰다, 적다	당신은 얼마나 자주 SNS에 글을 씁니까?
по́стить НСВ запо́стить СВ	포스팅하다	많은 사람들이 음식 사진을 올리는 것을 좋아한다.
ба́нить НСВ заба́нить СВ	(인터넷, SNS 등에) 차단하다	사이트 이용 약관 위반으로 차단될 수 있다.
блоки́ровать НСВ заблоки́ровать СВ	차단하다	사용자 차단은 이 소셜 네트워크 서비스의 관리자가 할 수 있다.

В декабре маленькие дети пишут **письма** Деду Морозу.

Дайте, пожалуйста, два **конверта** для международных писем.

Ваша **телеграмма** будет доставлена через три часа.

Отправьте мне все необходимые документы по **факсу**.

Извините, вы слишком **громко** разговариваете по телефону!

Мы **тихо** сидели и смотрели телевизор.

Как часто вы **пишете** посты в социальных сетях?

Многие любят **постить** фото с едой.

За нарушение правил пользования сайтом вас могут **забанить**.

Заблокировать пользователя может администратор данной социальной сети.

добавля́ть **НСВ** доба́вить **СВ** в друзья́	추가하다, 친구 추가하다	카탸는 모든 SNS에서 나를 친구 추가했다.
создава́ть **НСВ** созда́ть **СВ** кана́л	만들다, 채널을 만들다	나는 친구와 유튜브 채널을 만들고 싶다.
ла́йкать **НСВ** ла́йкнуть **СВ**	'좋아요'를 누르다	나는 보통 모든 재미있는 글과 영상에 좋아요를 누른다.
подпи́сываться **НСВ** подписа́ться **СВ** на кана́л	구독하다, 채널을 구독하다	너는 새로운 여행 채널을 벌써 구독했니?
говори́ть **НСВ** сказа́ть **СВ** (по-ру́сски, по-коре́йски)	말하다 (러시아어로, 한국어로)	채널의 모든 영상에서 나는 한국어로 말한다.
звать **НСВ** позва́ть **СВ**	부르다	세르게이를 불러서 전화 바꿔주세요.
отвеча́ть **НСВ** отве́тить **СВ**	답하다	너는 내 문자에 왜 이렇게 늦게 답장을 했니?
разгова́ривать по телефо́ну **НСВ만**	통화하다	버스에서 길게 통화하면 안 된다.

Катя **добавила** меня **в друзья** во всех соцсетях.

Мы с другом хотим **создать** свой **канал** на YouTube.

Я обычно **лайкаю** все интересные посты и видео.

Ты уже **подписалась на** новый **канал** о путешествиях?

Во всех видео на канале я **говорю** на корейском языке.

Позовите, пожалуйста, Сергея к телефону.

Почему ты так поздно **ответил** на моё сообщение?

В автобусе нельзя долго **разговаривать по телефону**.

расска́зывать НСВ рассказа́ть СВ	이야기하다	새로운 유튜브 채널에서 마샤는 자신의 다이어트에 대해서 이야기했다.
передава́ть НСВ переда́ть СВ	전달하다	누가 이 정보를 당신에게 전달했습니까?
повторя́ть НСВ повтори́ть СВ	반복하다	전화번호를 다시 말씀해주세요.
пока́зывать НСВ показа́ть СВ	보여주다	내일 우리 대학교가 TV에 나올 것이다.
понима́ть НСВ поня́ть СВ	이해하다	많은 젊은 사람들은 클래식 음악을 이해하지 못한다.
посыла́ть НСВ посла́ть СВ	보내다	아버지는 중국에 있는 친구에게 선물을 보냈다.
приглаша́ть НСВ пригласи́ть СВ	초대하다	오늘 나는 저녁식사하러 레스토랑에 초대됐다.
проси́ть НСВ попроси́ть СВ	부탁하다	아냐는 엄마에게 아이스크림을 사달라고 부탁했다.
смотре́ть НСВ посмотре́ть СВ	보다	당신은 집에서 영화 보는 것을 좋아합니까, 아니면 영화관에서 보는 것을 좋아합니까?

В новом видео на YouTube Маша **рассказала** о своей диете.

Кто вам **передал** эту информацию?

Повторите, пожалуйста, ваш номер телефона.

Завтра наш университет будут **показывать** по телевизору.

Многие молодые люди не **понимают** классическую музыку.

Папа **послал** подарок своему другу в Китай.

Сегодня меня **пригласили** на ужин в ресторан.

Аня **попросила** маму купить ей мороженое.

Вам нравится **смотреть** фильмы дома или в кинотеатре?

сове́товать **НСВ** посове́товать **СВ**	조언하다	저에게 어떤 로맨틱 영화를 추천해 주시겠어요?
сообща́ть **НСВ** сообщи́ть **СВ**	알리다	스베타는 우리에게 전화로 자신의 결혼식에 대해 알렸다.
спра́шивать **НСВ** спроси́ть **СВ**	물어보다	잘 모르는 사람의 사생활에 대해 물어보면 안 된다.
чита́ть **НСВ** прочита́ть **СВ**	읽다	사샤는 아직 내 메시지를 읽지 않았다.

Какой романтический фильм вы мне **посоветуете**?

Света **сообщила** нам по телефону о своей свадьбе.

Не принято **спрашивать** о личной жизни у малознакомых людей.

Саша ещё не **прочитал** моё сообщение!

Докуме́нты, печа́тная проду́кция

докуме́нт	서류	문서 작업에는 정확성이 필요하다.
па́спорт	여권	여행 전에 여권 유효기간을 확인하세요.
ви́за	비자	러시아 단기 여행은 비자가 필요하지 않다.
студе́нческий биле́т	학생증	기숙사에 들어갈 때 학생증을 제시해야 한다.
биле́т	표, 티켓	전자 항공권은 출력할 필요가 없다.
програ́мма	프로그램, 일정표	홀 입구에서 모든 관람객에게 콘서트 프로그램을 제공했다.
план	도안, 도면, 약도, 계획표	길을 잃지 않도록 지도를 잘 확인하세요.
газе́та	신문	우리 할아버지는 아침마다 신문에서 뉴스를 읽으신다.
журна́л	잡지	당신은 어떤 잡지를 구독하십니까?
кни́га	책, 도서	이것은 아주 재미있는 책이야. 이 책 읽는 것을 너에게 추천할께.
уче́бник	교재, 교과서	러시아어 교과서를 빌려주세요.

서류, 인쇄물

Работа с **документами** требует аккуратности.

Перед поездкой проверьте срок действия вашего **паспорта**.

Для короткой поездки в Россию **виза** не нужна.

При входе в общежитие нужно предъявить **студенческий билет**.

Электронный **билет** не обязательно распечатывать.

У входа в зал всем зрителями предлагали **программу** концерта.

Внимательно изучите **план**, чтобы не заблудиться.

Мой дедушка каждое утро читает новости в **газете**.

Вы выписываете какие-нибудь **журналы**?

Это очень интересная **книга**, советую тебе её прочитать.

Одолжи мне, пожалуйста, **учебник** по русскому языку.

слова́рь 남	사전	시험 때 전자 사전을 쓰면 안 된다.
рома́н	소설	도스토옙스키의 가장 유명한 소설을 말해주세요.
статья́	기사	내 친구는 유명한 신문에 경제에 대한 기사를 쓴다.
текст	텍스트	이 글에서 실수를 수정하도록 도와주세요.
страни́ца	페이지, 쪽	텍스트 한 페이지를 러시아어로 번역하는 데 비용이 얼마나 듭니까?
ма́рка	우표	엽서에 우표를 붙여야 한다.
письмо́	편지	아이들은 생일을 맞아 어머니에게 감동적인 편지를 썼다.
откры́тка	엽서, 카드	그는 여행할 때 항상 엽서를 보내준다.
фотогра́фия	사진	우리 가족 앨범에는 흑백 사진이 많다.

На экзамене нельзя пользоваться электронным **словарём**.

Назовите самый известный **роман** Ф. М. Достоевского.

Мой друг пишет **статьи** об экономике для известной газеты.

Помогите мне, пожалуйста, исправить ошибки в этом **тексте**.

Сколько стоит перевод одной **страницы** текста на русский язык?

На открытку нужно наклеить почтовую **марку**.

Дети написали трогательно **письмо** маме на день рождения.

Он всегда присылает **открытки** из путешествий.

В нашем семейном альбоме много чёрно-белых **фотографий**.

Этикéт 예절

Здрáвствуйте!	안녕하세요!	안녕하세요, 나탈리야 세르게예브나! 잘 지내셨어요?
Дóброе ýтро!	안녕하세요! (아침인사)	안녕하세요! 출근 중이세요?
Дóбрый вéчер	안녕하세요! (저녁인사)	안녕, 페탸! 저녁 먹었니?
Привéт!	안녕!	얘들아 안녕! 어디 놀러 갈까?
До свидáния!	안녕히 가세요! (계세요!)	다음 주에 뵙겠습니다. 안녕히 가세요!
Всегó хорóшего!	안녕히 가세요! (계세요!)	저는 가봐야겠습니다. 안녕히 가세요!
Всегó дóброго!	안녕히 가세요! (계세요!)	만나서 아주 반가웠습니다. 안녕히 가세요!
До зáвтра!	내일 봐요(봬요)	버스가 왔네요! 내일 봐요, 마샤!
Покá!	안녕!	안녕! 내가 내일 연락할게.
Спокóйной нóчи!	잘 자요!, 안녕히 주무세요!	자러 갈게요. 안녕히 주무세요!
Меня зовýт...	제 이름은…	제 이름은 크세니야입니다. 당신은요?

Здравствуйте, Наталья Сергеевна! Как ваши дела?

Доброе утро! Вы идёте на работу?

Добрый вечер, Петя! Ты уже поужинал?

Привет, ребята! Куда пойдём гулять?

Увидимся на следующей неделе. **До свидания!**

Мне пора идти. **Всего хорошего!**

Мне было очень приятно с вами познакомиться. **Всего доброго!**

Мой автобус приехал! **До завтра**, Маша!

Пока! Я тебе завтра позвоню.

Я пойду спать. **Спокойной ночи!**

Меня зовут Ксения. А вас как?

Моя́ фами́лия...	제 성은 …	제 이름은 파벨입니다. 성은 페트로프입니다.
Познако́мьтесь (пожа́луйста).	인사하세요.	인사하세요. 이쪽은 제 친구 니콜라이입니다.
Дава́йте познако́мимся.	처음 뵙겠습니다.	처음 뵙겠습니다. 제 이름은 안나입니다. 당신은요?
Господа́!	여러분!	존경하는 여러분, 자리에 앉아주시길 바랍니다.
Господи́н + 남성의 성씨!	____ 씨! (남성에게)	페트로프 씨, 계약을 체결하게 되어서 기쁩니다.
Госпожа́ + 여성의 성씨!	____ 씨! (여성에게)	페트로바 씨, 서울에 오신 것을 환영합니다.
Дорого́й друг! Дороги́е друзья́!	친애하는 친구! 친애하는 친구들!	친애하는 친구 여러분, 내 생일에 여러분들을 만나서 아주 기쁩니다.
Дорого́й (-а́я, -ие) + 이름	친애하는 ____	친애하는 안나 페트로브나! 잘 지내셨나요?
Друзья́!	친구들! 여러분!	여러분! 주말 잘 보내길 바랍니다.
Как дела́?	어떻게 지내세요?	안녕, 마샤! 어떻게 지내?

Меня зовут Павел. А **моя фамилия** Петров.

Познакомьтесь, пожалуйста, это мой друг Николай.

Давайте познакомимся. Меня зовут Анна, а вас как?

Уважаемые **господа**, просим вас занять свои места.

Господин Петров, мы будем рады заключить с вами договор.

Госпожа Петрова, добро пожаловать в Сеул.

Дорогие друзья, я очень рада видеть вас на своём дне рождения.

Дорогая Анна Петровна, как ваши дела?

Друзья, желаю вам хорошо провести выходные.

Привет, Маша! **Как дела?**

Как (Ваше) здоро́вье?	건강은 어떠세요?	안녕하세요, 표트르 알렉세예비치! 건강은 어떠세요?
Как Вы себя́ чу́вствуете?	건강은(몸 상태는) 어떠세요?	어제는 아주 힘든 날이었어요. 몸 상태는 어떠세요?
Рад Вас ви́деть.	만나서 반갑습니다.	안녕하세요, 마리야! 만나서 반갑습니다.
О́чень ра́д(а).	아주 반갑습니다.	아주 반갑습니다. 제 이름은 미하일입니다.
О́чень прия́тно.	아주 반갑습니다.	아주 반갑습니다, 미하일. 제 이름은 비탈리입니다.
Извини́те, …	실례합니다, 죄송합니다…	실례합니다. 휴대폰을 빌려줄 수 있으세요?
Прости́те, …	실례합니다, 죄송합니다…	실례합니다만, 영어를 할 수 있으세요?
Извини́те, Вы не зна́ете …?	실례하지만 혹시 … 아세요?	실례지만 혹시 "모스크바" 호텔이 어디 있는지 아세요?
К сожале́нию, …	안타깝게도…	안타깝게도 저는 도와드릴 수 없습니다.
О́чень жаль, но…	안타깝지만	안타깝지만 나는 가야해.

Здравствуйте, Пётр Алексеевич! **Как Ваше здоровье?**

Вчера был очень тяжёлый день. **Как Вы себя чувствуете?**

Здравствуйте, Мария. **Рад Вас видеть.**

Очень рад. Меня зовут Михаил.

Очень приятно, Михаил. А меня зовут Виталий.

Извините, можно позвонить с вашего телефона?

Простите, вы не говорите по-английски?

Извините, Вы не знаете, где гостиница «Москва»?

К сожалению, я не могу вам помочь.

Очень жаль, но мне пора уезжать.

Приходи́те к нам в го́сти.	저희 집으로 놀러 오세요.	우리는 새 집으로 이사 했어요. 놀러 오세요.
спаси́бо	감사합니다	카탸, 초대해줘서 정말 고맙습니다.
с удово́льствием	기꺼이	우리가 기꺼이 놀러 갈게요.
пожа́луйста	제발, 어서	어서 오세요. 집처럼 편안히 계세요.
С пра́здником!	명절을 축하합니다!	명절을 축하합니다. 새해에는 건강하고 행복하시길 바랍니다.
С днём рожде́ния!	생일 축하합니다!	사랑하는 베라, 생일 축하해! 너의 모든 꿈이 이루어지길 바라.
Алло́!	여보세요!	여보세요! 잘 안 들려요. 크게 말씀해 주세요.
Позови́те, пожа́луйста,...	바꿔주세요, 불러주세요	여보세요! 디마를 불러주세요.
Бу́дьте добры́ + кого́ (4)!	~을(를) 불러주세요!	여보세요! 세르게이를 바꿔주세요. 저는 세르게이의 친구 일리야입니다.
Мину́точку!	잠시만요!	잠시만요! 세르게이를 불러드릴게요.

Мы переехали в новый дом. **Приходите к нам гости**.

Катя, большое **спасибо** за приглашение.

Мы **с удовольствием** придём к вам в гости.

Проходите, **пожалуйста**. Чувствуйте себя как дома!

С праздником! Желаю здоровья и счастья в новом году!

Дорогая Вера, **с днём рождения**! Пусть все твои мечты сбудутся.

Алло! Вас плохо слышно. Говорите громче, пожалуйста.

Алло! **Позовите, пожалуйста,** к телефону Диму.

Алло! **Будьте добры, Сергея.** Это его друг Илья.

Минуточку! Я сейчас позову Сергея.

Природа, география

자연, 지리

Ко́смос и Земля́
우주와 지구

Контине́нты и стра́ны
대륙과 국가

Пого́да и кли́мат
날씨와 기후

Живо́тные и расте́ния
동물과 식물

Ко́смос и Земля́ 우주와 지구

ко́смос	우주	유리 가가린은 세계 최초 우주 비행을 했다.
мир 단수만	세계, 평화	세계 평화는 인류의 꿈이다.
приро́да	자연	우리는 캄차카 자연의 아름다움에 황홀했다.
со́лнце	해	겨울에는 해가 늦게 뜨고 일찍 진다.
земля́	땅, 지구	하룻밤 사이에 땅은 두꺼운 눈으로 뒤덮였다.
мо́ре	바다	여름마다 우리 가족은 흑해에 놀러 간다.
о́зеро	호수	어제 우리는 배를 타러 호수에 갔다 왔다.
река́	강	볼가강은 유럽에서 가장 긴 강이다.
о́стров	섬	일본 영토는 전체가 섬으로 이루어져 있다.
гора́	산	주무랑마는 에베레스트산의 또 다른 이름이다.
восто́к	동쪽	내 고향은 나라의 동쪽에 있다.

Юрий Гагарин совершил первый в мире полёт в **космос**.

Мир во всём **мире** — мечта человечества.

Мы были восхищены красотой **природы** Камчатки.

Зимой **солнце** поздно восходит и рано заходит.

За одну ночь **земля** покрылась густым слоем снега.

Каждое лето наша семья ездит отдыхать к Чёрному **морю**.

Вчера мы ходили плавать на лодке по **озеру**.

Волга является самой длинной **рекой** Европы.

Территория Японии полностью состоит из **островов**.

Джомолунгма — это другое название **горы** Эверест.

Мой родной город находится на **востоке** страны.

за́пад	서쪽	러시아 인구의 대부분은 서부에 살고 있다.
се́вер	북쪽	아침에 북쪽에서 차가운 바람이 불 것이다.
юг	남쪽	가을에 새들은 남쪽의 따뜻한 지역으로 날아간다.
косми́ческий	우주의	우주 비행사 후보들은 수년 동안 우주 비행 준비를 한다.

Основная часть населения России проживает на **западе** страны.

Утром с **севера** будет дуть холодный ветер.

Осенью птицы улетают на **юг** в тёплые края.

Кандидаты в космонавты годами готовятся к **космическому** полёту.

Контине́нты и стра́ны   대륙과 국가

Австра́лия	호주	호주는 지구상에서 가장 작은 대륙이다.
А́зия	아시아	나는 아시아 민족들에 대해서 읽는 것이 재미있다.
Антаркти́да	남극대륙	남극 대륙은 1820년 러시아 탐험대에 의해 발견되었다.
А́фрика	아프리카	아프리카는 천연 자원이 풍부하다.
Аме́рика (Се́верная, Ю́жная)	미국 (북미, 남미)	남미 국가의 대부분이 스페인어를 사용한다.
Евро́па	유럽	나는 방학 동안에 친구들과 유럽 여행을 하고 싶다.
А́нглия	잉글랜드 ('영국'의 의미로 쓰임)	빅 벤 시계탑은 영국에 있다.
Аргенти́на	아르헨티나	아르헨티나는 남미에 위치한다.
Брази́лия	브라질	브라질에서는 축구를 보고 축구를 하는 것을 좋아한다.

Австралия — самый маленький по площади континент Земли.

Мне интересно читать о народах **Азии**.

Антарктида была открыта в 1820 году русской экспедицией.

Африка богата природными ресурсами.

В большинстве стран Южной **Америки** говорят на испанском языке.

На каникулах мы с друзьями хотим поехать в тур по странам **Европы**.

Часовая башня Биг-Бен находится в **Англии**.

Аргентина находится в Южной Америке.

В **Бразилии** очень любят играть и смотреть футбол.

Великобрита́ния	영국	잉글랜드, 스코틀랜드, 웨일즈 및 북아일랜드가 영국에 포함된다.
Герма́ния	독일	독일은 유럽에서 가장 강력하고 발전된 나라 중에 하나이다.
Еги́пет	이집트	고대 이집트에서는 지배자를 파라오라고 불렀다.
И́ндия	인도	타지마할은 인도에서 가장 유명한 관광지이다.
Испа́ния	스페인	매년 수많은 관광객들이 스페인을 방문한다.
Ита́лия	이탈리아	이탈리아에는 많은 문화적, 역사적 기념물이 있다.
Кита́й	중국	중국의 주식은 쌀이다.
Ю́жная Коре́я	대한민국	내 친구는 한국에서 살고 공부한다.
Се́верная Коре́я	북한	북한은 한국, 중국, 러시아와 국경을 접한다.
Ме́ксика	멕시코	멕시코에서는 매년 "죽은 자의 날"을 기념한다.
Норве́гия	노르웨이	당신은 노르웨이에 가본 적이 있습니까?

В состав **Великобритании** входят Англия, Шотландия, Уэльс и Северная Ирландия.

Германия — одно из самых сильных и развитых государств Европы.

Правителей в Древнем **Египте** называли фараонами.

Тадж-Махал является самой известной достопримечательностью **Индии**.

Каждый год в **Испанию** приезжает большое количество туристов.

В **Италии** находится много культурных и исторических памятников.

Основным блюдом в **Китае** является рис.

Мой друг живёт и учится в **Южной Корее**.

Северная Корея граничит с Южной Кореей, Китаем и Россией.

В **Мексике** ежегодно отмечается праздник «День мёртвых».

Вы когда-нибудь были в **Норвегии**?

Росси́я	러시아	러시아에는 착하고 손님을 반기는 사람들이 산다.
США (Соединённые Шта́ты Аме́рики)	미국	많은 사람들은 미국에서 사는 것을 꿈꾼다.
Финля́ндия	핀란드	상트페테르부르크에서 핀란드 수도까지 5시간 걸린다.
Фра́нция	프랑스	나는 항상 프랑스 문화에 관심이 있었다.
Швейца́рия	스위스	스위스에는 4개의 언어가 공용어이다.
Шве́ция	스웨덴	스웨덴은 스칸디나비아 반도에 위치한다.
Эфио́пия	에티오피아	당신은 에티오피아의 수도를 아십니까?
Япо́ния	일본	일본은 아주 아름답고 흥미로운 나라다.

В **России** живут добрые и гостеприимные люди.

Многие мечтают жить в **США**.

Из Санкт-Петербурга до столицы **Финляндии** можно доехать за 5 часов.

Я всегда интересовалась культурой **Франции**.

В **Швейцарии** четыре языка являются официальными.

Швеция расположена на Скандинавском полуострове.

Вы знаете столицу **Эфиопии**?

Япония — очень красивая и интересная страна.

Пого́да и кли́мат 날씨와 기후

весна́	봄	모두가 봄이 오기를 고대하고 있다.
ле́то	여름	어렸을 때 나는 여름마다 학교 캠프에 다녔다.
о́сень	가을	더운 여름이 지난 후엔 서늘한 가을이 온다.
зима́	겨울	올해는 겨울이 아주 추웠다.
весно́й 부	봄에	우리는 봄에 소풍가는 것을 좋아한다.
ле́том 부	여름에	당신은 올 여름에 바다에 가나요?
о́сенью 부	가을에	가을에 시장에는 신선한 야채와 과일이 많다.
зимо́й 부	겨울에	겨울에 아이들은 썰매를 탄다.
весе́нний	봄의	서쪽에서 가벼운 봄바람이 불었다.
ле́тний	여름의	우리는 여름의 더위에 지쳐서 가을을 기다렸다.
осе́нний	가을의	학생들은 가을 방학이 10월 말에 시작한다.

Все с нетерпением ждут наступления **весны**.

В детстве я каждое **лето** ходила в школьный лагерь.

После жаркого лета наступает прохладная **осень**.

В этом году была очень холодная **зима**.

Весной мы любим ходить на пикники.

Вы поедете на море этим **летом**?

Осенью на рынке много свежих овощей и фруктов.

Зимой дети катаются на санках.

С запада подул лёгкий **весенний** ветер.

Мы устали от **летней** жары и ждали наступления осени.

Осенние каникулы у школьников начинаются в конце октября.

зи́мний	겨울의	하키는 내가 가장 좋아하는 겨울 운동이다.
пого́да	날씨	인터넷으로 내일 날씨를 확인해야 한다.
во́здух	공기	나는 자기 전에 밖에 나가서 신선한 공기를 마신다.
дождь 남	비	나는 따뜻한 여름 비 아래 산책하는 것이 좋다.
снег	눈	어른들은 아이들처럼 첫눈을 기뻐했다.
ве́тер	바람	8월 밤에는 시원한 가을 바람이 분다.
хоро́шая пого́да	날씨가 좋다	스페인은 날씨가 아주 좋고 따뜻하다.
плоха́я пого́да	날씨가 나쁘다	이번 주말에는 날씨가 나쁠 것이다.
восто́чный	동쪽의	저녁에는 여기에 서늘한 동풍이 분다.
за́падный	서쪽의	서풍은 우리 도시로 많은 비를 내리게 한다.
се́верный	북쪽의	나는 건조한 북풍을 싫어한다.
ю́жный	남쪽의	초원에서 뜨거운 남풍이 자주 분다.

Хоккей — мой любимый **зимний** вид спорта.

Нужно проверить в интернете **погоду** на завтра.

Перед сном я выхожу на улицу и дышу свежим **воздухом**.

Мне нравится гулять под тёплым летним **дождём**.

Взрослые радовались первому **снегу**, как дети.

В августе по ночам дует прохладный осенннний **ветер**.

В Испании очень **хорошая** и тёплая **погода**.

На этих выходных будет **плохая погода**.

По вечерам здесь дует прохладный **восточный** ветер.

Западный ветер приносит много дождей в наш город.

Я не люблю сухой **северный** ветер.

В степи часто дует горячий **южный** ветер.

холо́дный	차가운	춥고 비가 오는 날씨에는 집에 있고 싶다.
тёплый	따뜻한	따뜻한 여름 저녁에 우리는 정원에 앉아 있는 것을 좋아한다.
си́льный ве́тер, дождь	센 바람, 비	강한 바람과 눈 때문에 걷기가 어려웠다.
тепло́ 분	따뜻하다	지난 주는 따뜻하고 화창했다.
жа́рко 분	덥다	우리 도시는 여름에 꽤 덥다.
хо́лодно 분	춥다	밖은 매우 춥고 눈이 온다.
прохла́дно 분	쌀쌀하다	9월에 아침은 쌀쌀하다.
идти́ (дождь, снег идёт) HCB만	(비가, 눈이) 오다	오늘은 하루 종일 비가 온다.

В **холодную** и дождливую погоду хочется сидеть дома.

Тёплыми летними вечерами мы любим сидеть в саду.

Из-за **сильного ветра** и снега было тяжело идти.

На прошлой неделе было **тепло** и солнечно.

У нас в городе летом довольно **жарко**.

На улице очень **холодно** и идёт снег.

В сентябре по утрам **прохладно**.

Сегодня весь день **идёт** дождь.

Живо́тные и расте́ния 동물과 식물

живо́тное	동물	동물원에는 다양한 동물들이 살고 있다.
ко́шка 또는 кот	고양이	우리 고양이는 쥐를 잘 잡는다.
соба́ка	개	우리 집에는 고양이 두 마리와 큰 개 한 마리가 있다.
ку́рица	닭	우리 할머니 댁 마당에는 암탉 세 마리와 수탉 한 마리가 산다.
ры́ба	물고기	나는 할아버지와 물고기를 잡으러 강에 가는 것을 좋아한다.
пти́ца	새	봄에는 밖에서 새소리가 자주 들린다.
дома́шний	애완(동물)	당신은 애완 동물이 있습니까?
де́рево	나무	우리 집 앞에는 크고 오래된 나무가 자란다.
трава́	풀	여름에 마당은 울창한 푸른 풀로 덮여 있었다.
о́вощ [복 о́вощи]	야채, 채소	우리는 수프와 신선한 야채 샐러드를 시켰다.

В зоопарке живёт много разных **животных**.

Наша **кошка** хорошо ловит мышей.

У нас в доме две кошки и одна большая **собака**.

У бабушки во дворе живут три **курицы** и петух.

Мы с дедушкой любим ходить на речку ловить **рыбу**.

Весной с улицы часто слышится пение **птиц**.

У вас есть **домашнее** животное?

Перед нашим домом растёт большое и старое **дерево**.

Летом двор был покрыт густой зелёной **травой**.

Мы заказали суп и салат из свежих **овощей**.

фру́кт	과일	나는 과일 중에서 사과와 바나나를 자주 먹는다.
я́года	딸기류, 베리류	휴일에 우리는 산딸기 케이크를 만들었다.
ель (ёлка)	전나무	아이들은 크리스마스트리를 장식하는 것을 좋아한다.
берёза	자작나무	우리 집 앞에 희고 얇은 자작나무가 자라고 있다.
сосна́	소나무	소나무는 300년 이상 살 수 있다.
клён	단풍	가을에는 단풍잎이 밝고 아름다운 색으로 물듭니다.
цвето́к [복 цветы́]	꽃	여자들은 꽃을 받는 것을 좋아한다.
лес	숲	어렸을 때 나는 친구들과 같이 버섯을 따러 숲에 갔었다.
зелёный	초록색의	봄에 나무들은 초록색 잎으로 덮인다.
расти́ HCB вы́расти CB	자라다	크라스노다르 거리에는 크고 푸른 나무들이 많이 자라고 있다.

Из **фруктов** я часто ем яблоки и бананы.

На праздник мы приготовили торт с лесными **ягодами**.

Дети любят украшать новогоднюю **ёлку**.

У нас перед домом растут белые тонкие **берёзы**.

Сосны могут прожить более 300 лет.

Осенью листья **клёна** окрашиваются в яркие красивые цвета.

Женщинам нравится получать **цветы**.

В детстве мы с друзьями ходили в **лес** собирать грибы.

Весной деревья покрываются **зелёной** листвой.

На улицах Краснодара **растёт** много больших и зелёных деревьев.

Характеристика объектов

대상의 특징

Задать вопрос
질문하기

Цвет
색상

Ка́чество
특성, 성질

Оце́нка и вероя́тность
평가와 가능성

Разме́р и фо́рма
크기와 모양

Коли́чество и сто́имость
수량과 가격

Задáть вопрóс 질문하기

кто?	누구?	내일 누가 미팅에 올 것입니까?
что?	무엇?	회의에서 무엇을 논의하고 싶습니까?
где?	어디?	우리 강의는 어디에서 진행됩니까?
кудá?	어디로?	이번 여름에 어디로 가십니까?
откýда?	어디로부터?	나는 한국에서 왔는데 당신은 어디에서 왔습니까?
какóй?	어떤?	어떤 종류의 커피를 선호하십니까?
чей?	누구의?	혼자 울고 있는 이 아이는 누구의 아이 입니까?
когдá?	언제?	우리 언제 만날 수 있을까요?
почемý?	왜? (어떤 이유로?)	당신은 왜 아직 이 시험을 보지 않으셨습니까?
зачéм?	왜? (어떤 목적으로?)	너는 이 쓸모 없는 물건을 왜 샀니?
как?	어떻게?	1년 만에 외국어를 배우는 방법은 무엇입니까?

Кто завтра придёт на встречу?

Что вы хотите обсудить на совещании?

Где будут проходить наши лекции?

Куда вы поедете этим летом?

Я из Кореи, а вы **откуда**?

Какой кофе вы предпочитаете?

Чей это ребёнок стоит один и плачет?

Когда мы можем с вами встретиться?

Почему вы ещё не сдали этот экзамен?

Зачем ты купил эту бесполезную вещь?

Как выучить иностранный язык за год?

| сколько? | 얼마? | 당신은 한 달에 생활비로 얼마를 쓰십니까? |

Сколько денег вы тратите в месяц на жизнь?

Цвет 색상

бе́лый	흰	흰 눈은 푹신한 담요처럼 땅을 덮었다.
чёрный	검은	설탕 없는 블랙 커피를 주세요.
голубо́й	하늘색의	하늘이 정말 푸르러요! 구름이 하나도 없어요!
жёлтый	노란	유치원의 아이들은 노란 배낭과 벙거지 모자를 가지고 있다.
зелёный	초록색의	빨리 가자. 아직 초록 불이야!
кори́чневый	밤색의	현미는 백미보다 건강에 더 좋다.
кра́сный	빨간	선생님은 실수를 빨간색으로 고쳐주었다.
се́рый	회색의	저 회색 건물에서 좌회전하세요.
си́ний	파란	그는 파란색 정장을 입고 있었다.
све́тлый	밝은	연한 눈동자를 가진 사람들은 여름에 선글라스를 껴야 한다.
тёмный	어두운	어두운 색의 차들은 햇빛을 받으면 더 뜨거워진다.

Белый снег накрыл землю пушистым покрывалом.

Нам, пожалуйста, **чёрный** кофе без сахара.

Какое **голубое** небо! Ни одного облака!

У детей в детском саду **жёлтые** рюкзачки и панамы.

Пойдем быстрее, пока горит **зелёный** свет!

Коричневый рис полезнее для здоровья, чем белый.

Учитель исправил ошибки **красным** цветом.

Поверните налево после вон того **серого** здания.

Он был одет в классический костюм **синего** цвета.

Людям со **светлыми** глазами необходимо летом носить солнечные очки.

Машины **тёмных** цветов сильнее нагреваются на солнце.

| я́ркий | 화려한 | 그녀는 화려한 원피스를 입고 모임에 왔다. |

Она пришла на встречу в **ярком** платье.

Ка́чество 특성, 성질

го́рький	쓴	약은 보통 쓴 맛이다.
сла́дкий	단	이 빵은 너무 달다.
горя́чий	뜨거운	추운 겨울 날에는 따뜻한 차를 마시면 좋다.
холо́дный	차가운	수프가 너무 차가워. 따뜻하게 데워줘.
гря́зный	더러운	개가 길에서 매우 지저분한 채 돌아왔다.
чи́стый	깨끗한	주인은 손님을 위해 깨끗한 침구를 준비했다.
мя́гкий	부드러운	나는 푹신한 침대에서 푹 잤다.
твёрдый	딱딱한	가뭄 때문에 땅이 완전히 굳어버렸다.
обыкнове́нный	평범한	그는 평범한 외모를 지녔고, 특별한 것은 없었다.
обы́чный	일상적인, 일반적인	나의 일상은 커피 한 잔으로 시작한다.
но́вый	새로운	내 새 재킷이 얼마나 예쁜지 봐.
ста́рый	낡은	벽에는 오래된 지도가 걸려있었다.

Лекарства обычно имеют **горький** вкус.

Эта булка слишком **сладкая**.

В холодный зимний день так приятно выпить **горячего** чая.

Суп совсем **холодный**, подогрей его.

Собака пришла с улицы вся **грязная**.

Хозяйка приготовила для гостей **чистое** постельное бельё.

Я хорошо выспался на **мягкой** кровати.

От засухи земля стала совсем **твёрдой**.

У него **обыкновенная** внешность, ничего особенного.

Мой **обычный** день начинается с чашки кофе.

Посмотри, какая у меня красивая **новая** куртка.

На стенах висели **старые** карты.

одина́ковый	똑같은	두 여성이 똑같은 원피스를 입고 파티에 왔다.
плохо́й	나쁜	그는 나쁜 사람이 아니지만, 나에게 그는 재미가 없다.
хоро́ший	좋은	전에 우리는 좋은 친구였지만 지금은 어울리지 않는다.
поле́зный	유용한, 유익한	이 채널에서는 러시아와 관련된 유용한 영상들이 많이 있다.
тёплый	따뜻한	한국식 집에는 보통 온돌이 있다.
удо́бный	편리한	이것은 매우 편리한 식료품 배달 어플리케이션이다.
жёсткий	질긴	스테이크가 너무 질겨서, 나는 먹을 수 없었다.

Две девушки пришли на вечеринку в **одинаковых** платьях.

Он не **плохой** человек, но мне с ним не интересно.

Раньше мы были **хорошими** друзьями, но сейчас не общаемся.

На этом канале много **полезных** видеороликов о России.

В корейских домах обычно **тёплые** полы.

Это очень **удобное** приложение для доставки продуктов.

Стейк был таким **жёстким**, что я не смог его есть.

Оце́нка и вероя́тность 평가와 가능성

отли́чно 🖳	훌륭하게, 우수하다	우리 가족은 바닷가에서 아주 잘 쉬었다.
прекра́сно 🖳	아주 잘	나는 너의 문제를 아주 잘 이해한다.
хорошо́ 🖳	좋다, 좋게, 잘	학생들은 잘 준비했지만 시험이 매우 어려웠다.
ничего́	좋지도 나쁘지도 않게	잘 지내? – 고마워, 괜찮아 (별일 없어).
норма́льно 🖳	정상적으로, 괜찮게	저 이제 괜찮아요, 걱정마세요.
пло́хо 🖳	나쁘게, 나쁘다	바냐는 수학 시험을 잘 못 봤다.
лу́чше [хоро́ший의 비교급]	더 좋게	당신은 이제 러시아어를 훨씬 더 잘 하네요!
ху́же [плохо́й의 비교급]	더 나쁘게	환자는 상태가 더 나빠졌고 열이 났다.
обяза́тельно 🖳	꼭, 반드시	서울에 가시면 꼭 경복궁에 가 보세요.
коне́чно 🖳	물론, 틀림없이	정말이야? – 물론이지!

Наша семья **отлично** отдохнула на море.

Я **прекрасно** понимаю твои проблемы.

Студенты **хорошо** подготовились, но экзамен был очень трудным.

Как твои дела? - Спасибо, **ничего**.

Я уже **нормально** себя чувствую, не беспокойся.

Ваня **плохо** сдал экзамен по математике.

Вы стали намного **лучше** говорить по-русски!

Больному стало **хуже**, и поднялась температура.

Если будете в Сеуле, **обязательно** сходите в Кёнбоккун.

Это правда? - **Конечно**, это правда!

| мо́жет быть | а마도 | 우리 기사는 아마도 다음 주에 게시될 것이다. |

Нашу статью, **может быть**, опубликуют на следующей неделе.

Разме́р и фо́рма 크기와 모양

большо́й	큰	큰 커피 한 잔은 내가 아침에 잠을 깨는 데 도움을 준다.
ма́ленький	작은	내가 어렸을 때, 우리 가족은 모스크바에 살았다.
огро́мный	커다란	최근 몇 년 동안 모스크바는 거대 도시가 되었다.
высо́кий	높은	시내에는 높은 건물이 많다.
ни́зкий	낮은	이 아파트는 천장이 매우 낮았다.
у́зкий	좁은	좁은 골목길에는 작은 가게들이 많이 있다.
широ́кий	넓은	내 방 창문은 넓은 길로 나있다.
кру́глый	둥근	명절 동안 가족들은 크고 둥근 식탁에 모인다.
лёгкий	가벼운	1kg까지 가벼운 소포 배송은 100루블이다.
тяжёлый	무거운	이 무거운 상자를 드는 것 좀 도와줘.

Большая чашка кофе помогает мне проснуться утром.

Когда я был **маленьким**, наша семья жила в Москве.

За последние годы Москва стала **огромным** мегаполисом.

В центре города много **высоких** зданий.

В этой квартире был очень **низкий** потолок.

В **узком** переулке было много маленьких магазинчиков.

Окна моей комнаты выходят на **широкую** дорогу.

В праздники семья собирается за большим **круглым** столом.

Доставка **лёгких** посылок до 1 кг стоит всего 100 рублей.

Помоги мне, пожалуйста, поднять эту **тяжёлую** коробку.

Коли́чество и сто́имость 수량과 가격

число́	숫자	이 약은 많은 사람들에게 도움이 될 것이다.
ско́лько	얼마	내가 이것에 대해 얼마나 많이 말했는지 기억도 나지 않는다.
не́сколько	몇몇, 조금	우리 반 학생 몇 명이 집으로 돌아갔다.
ма́ло	적게	이 시험에 한 번에 합격한 사람이 거의 없었다.
мно́го	많이	이번 겨울에 아주 많은 눈이 내렸다.
немно́го	조금	조금 걱정되지만 다 괜찮을 것 같다.
чуть-чуть	조금, 약간	조금만 더 기다려 주세요. 곧 시작합니다.
весь (вся, всё, все)	모든, 온, 전	수박 한 통은 필요 없는데 반만 살 수 있나요?
полови́на	절반	조금만 참아. 우리 벌써 절반 이상을 지나왔어.
часть 여	일부	강은 도시를 두 부분으로 나눕니다.
до́рого	비싸게	겨울에는 꽃이 매우 비쌉니다.

Это лекарство поможет большому **числу** людей.

Я уже не помню, **сколько** раз говорил тебе об этом.

Несколько студентов из нашей группы уехали домой.

Мало кто смог сдать этот экзамен с первого раза.

Этой зимой выпало очень **много** снега.

Я **немного** волнуюсь, но думаю, всё будет хорошо.

Подождите ещё **чуть-чуть**, мы скоро начинаем.

Мне не нужен **весь** арбуз. Можно купить половину?

Потерпи немного, мы прошли уже больше **половины** пути.

Река делит город на две **части**.

Зимой цветы стоят очень **дорого**.

дёшево	저렴하게	이 시장에서는 신선한 해산물을 아주 싸게 살 수 있다.
цена́	가격	정부는 쌀 가격을 규제한다.
сто́ить **НСВ만**	값을 가지다, 가치를 가지다	그는 당신이 눈물 흘릴 가치가 없다.
счита́ть **НСВ** посчита́ть **СВ**	계산하다, 세다	총 얼마인지 계산해 주세요.

На этом рынке можно очень **дёшево** купить свежие морепродукты.

Правительство регулирует **цены** на рис.

Он не **стоит** твоих слёз!

Посчитайте, сколько с меня всего.

Приложение

부록

1
Числи́тельные
수사

2
Едини́цы измере́ния
단위

3
Слова́ и выраже́ния в алфави́тном поря́дке
단어와 표현 (알파벳 순)

부록 1. 수사
Приложение 1. Числительные

оди́н 남, одна́ 여, одно́ 중	1
два 남 중, две 여	2
три	3
четы́ре	4
пять	5
шесть	6
семь	7
во́семь	8
де́вять	9
де́сять	10
оди́ннадцать	11
двена́дцать	12
трина́дцать	13
четы́рнадцать	14
пятна́дцать	15
шестна́дцать	16
семна́дцать	17
восемна́дцать	18
девятна́дцать	19
два́дцать	20
три́дцать	30
со́рок	40
пятьдеся́т	50
шестьдеся́т	60
се́мьдесят	70
во́семьдесят	80
девяно́сто	90
сто	100
две́сти	200
три́ста	300
четы́реста	400
пятьсо́т	500

шестьсо́т	600
семьсо́т	700
восемьсо́т	800
девятьсо́т	900
ты́сяча	1,000
миллио́н	1,000,000
миллиа́рд	1,000,000,000

부록 2. 단위
Приложение 2. Единицы измерения

миллиме́тр (мм)	밀리미터
сантиме́тр (см)	센티미터
метр (м)	미터
киломе́тр (км)	킬로미터
квадра́тный метр (кв.м)	평방 미터
квадра́тный киломе́тр (кв.км)	평방 킬로미터
гекта́р (Га)	헥타르
миллигра́мм (мг)	밀리그램
грамм (г)	그램
килогра́мм (кг)	킬로그램
це́нтнер (ц)	100 킬로그램
то́нна (т)	톤
секу́нда (сек.)	초
мину́та (мин.)	분
час (ч.)	시
су́тки 복수만	하루
не́деля	주
ме́сяц (мес.)	월, 달
год (г.)	연, 해
век (в.)	세기
копе́йка	1/100의 루블, 1코페이카 동화
рубль (Росси́йский рубль)	1루블, 러시아 화폐 단위

во́на (Южнокоре́йская во́на)	1원, 대한민국 화폐 단위
до́ллар (Америка́нский до́ллар)	1미국 달러
е́вро	1유로
фунт (Брита́нский фунт)	1파운드, 영국 화폐 단위
йена (Япо́нская йе́на)	1엔, 일본 화폐 단위
юа́нь (Кита́йский юа́нь)	1위안, 중국 화폐 단위

부록 3. 단어와 표현 (알파벳 순)
Приложение 3. Слова и выражения в алфавитном порядке

А

абрико́с	살구
а́вгуст	8월
Австра́лия	호주
авто́бус	버스
а́втор	저자, 작가
а́дрес	주소
А́зия	아시아
академи́ческая гре́бля	조정
актёр 남 / актри́са 여	배우
акти́вный	적극적인
Алло́!	여보세요!
Аме́рика (Се́верная, Ю́жная)	미국 (북미, 남미)
анана́с	파인애플
англи́йский	영국의, 영어의
англича́нин 남 / англича́нка 여 [복 англича́не]	영국인
А́нглия	잉글랜드
а́нгло-ру́сский / ру́сско-англи́йский	영국↔러시아의
апельси́н	오렌지
аппендици́т	충수염, 맹장염
аппети́т	식욕, 입맛
апре́ль	4월
апте́ка	약국

Аргенти́на	아르헨티나
арендова́ть **НСВ и СВ**	임대하다
арти́ст **남** / арти́стка **여**	예술가, 연예인, 아티스트
арти́ст **남** / арти́стка **여** бале́та [또는 балери́но **남** / балери́на **여**]	발레리나, 발레리노
архите́ктор	건축가
архитекту́ра	건축학
аспира́нт **남** / аспира́нтка **여**	대학원생, 연구생
аспиранту́ра	대학원
аудито́рия	강의실
аэро́бные нагру́зки	유산소 운동
аэропо́рт	공항

Б

ба́бушка	할머니
бадминто́н	배드민턴
баклажа́н	가지
бале́т	발레
бале́тки [**단** бале́тка]	플랫 슈즈
балко́н	발코니
бана́н	바나나
ба́нить **НСВ** / заба́нить **СВ**	(인터넷, SNS 등에) 차단하다
банк	은행
бара́нина **단수만**	양고기
баскетбо́л	농구
бассе́йн	수영장
бато́н	바게트 빵
бег **단수만**	달리기
бе́гать **НСВ만**	뛰다
бе́дный	가난한
бедро́ [**복** бёдра]	허벅지
бежа́ть **НСВ** / убежа́ть **СВ**	달리다
бейсбо́л	야구
бело́к [**복** белки́]	단백질
бе́лый	흰

бе́лый хлеб	흰 빵, 식빵
берёза	자작나무
бере́чь **НСВ** / сбере́чь **СВ**	돌보다, 아끼다, 지키다
биатло́н	바이애슬론
библиоте́ка	도서관
бизнесме́н	사업가, 기업가
биле́т	표, 티켓
био́лог	생물학자
биологи́ческий	생물학의
биоло́гия	생물
блеск для губ	립글로스
бли́зко 부	가까이
блог	블로그
блоки́ровать **НСВ** / заблоки́ровать **СВ**	차단하다
блу́зка	블라우스
бобсле́й	봅슬레이
бога́тый	부유한
бокс	복싱
боле́знь 여	병, 질환
бо́лен 형단 (-льна́ -льны́)	아프다
боль 여	통증
больни́ца	병원
больно́й 명	환자
больно́й 형	아픈
большо́й	큰
борьба́	레슬링
босоно́жки [단 босоно́жка]	여성용 샌들
ботильо́ны [단 ботильо́н]	앵클부츠
боти́нки [단 боти́нок]	단화
Брази́лия	브라질
брасле́т	팔찌
брат	형제
брать **НСВ** / взять **СВ**	(도서관에서 책을) 대출하다
бри́тва	면도기
бри́ться **НСВ** / побри́ться **СВ**	면도하다
бровь 여	눈썹

бронхи́т	기관지염
броса́ть **НСВ** / бро́сить **СВ** кури́ть	담배를 끊다
брошь **여**	브로치
брю́ки **복수만**	바지
бу́дущий	미래의
Бу́дьте добры́ + **кого(4)**!	~을(를) 불러 주세요!
бу́ква	글자
бу́лка (бу́лочка)	롤빵, 번빵
бутербро́д	햄, 치즈, 버터 등을 얹은 빵
буты́лка	병
бы́стро **부**	빠르게, 빨리
быть **НСВ (бу́ду, бу́дешь)** + где(6) + кем(5)	~이다

В

(быть) в разво́де	이혼한
ваго́н	차량
ва́жный	중요한
ва́за	꽃병
ва́нная **명**	목욕실
вари́ть **НСВ** / свари́ть **СВ**	끓이다, 삶다
вверх **부**	위로
вверху́ **부 전**	위에
вдруг	갑자기, 불시에
век [**복** ве́ка]	한 세기
вели́кий	위대한
Великобрита́ния	영국
велосипе́д	자전거
велоспо́рт	사이클 경주
вера́нда	베란다
ве́село **부**	즐겁게, 즐겁다
весёлый	즐거운, 유쾌한
весе́нний	봄의
весна́	봄

весно́й 🔵	봄에
весь (вся, всё, все)	모든, 온, 전
ве́тер	바람
ветро́вка	바람막이
ве́чер	저녁
ве́чером	저녁에
вещь 🔵	물건
взять [брать의 **CB**]	잡다, 쥐다, 가지다
вид на жи́тельство	영주권
вид спо́рта	스포츠의 종목
ви́део 🔵	동영상, 비디오
видеока́мера	캠코더
ви́деть **HCB** / уви́деть **CB**	보다
ви́за	비자
ви́лка	포크
вино́ (кра́сное, бе́лое)	와인 (레드, 화이트)
ви́рус	바이러스
ви́ски 🔵, 중 또는 🔵	위스키
ви́шня	체리
включа́ть **HCB** / включи́ть **CB**	켜다
вку́сно 🔵	맛있는
вку́сный	맛있는
власть 🔵	정권, 정부, 권력
влог	브이로그
вме́сте	같이, 함께
вниз	밑으로
внизу́ 🔵 🔵	밑에
внима́ние	주의
внима́тельно 🔵	주의 깊게, 신중히
внима́тельный	주의 깊은, 정중한
внук	손자
вну́чка	손녀
Во ско́лько?	몇 시에?
вода́	물
води́ть **HCB** / вести́ **CB**	운행하다, 운전하다
во́дка 🔵	보드카

возвраща́ться **НСВ** / верну́ться **СВ** + куда(4) + откуда(2)	돌아오다
во́здух	공기
вокза́л	기차역
волейбо́л	배구
во́лос	머리카락
во́на (Южнокоре́йская во́на)	1원, 대한민국 화폐 단위
вопро́с	질문
восемна́дцать	18
во́семь	8
во́семьдесят	80
восемьсо́т	800
воскресе́нье	일요일
восто́к	동쪽
восто́чный	동쪽의
вот 🔵	바로 그렇게, 바로 여기에
вперёд 🔵	앞으로
врач	의사
вре́дно	해롭다
вре́мя 🔵	시간
всё вре́мя	언제나, 늘
всегда́	늘, 언제나
Всего́ до́брого!	안녕히 가세요! (계세요!)
Всего́ хоро́шего!	안녕히 가세요! (계세요!)
вспомина́ть **НСВ** / вспо́мнить **СВ**	기억나다, 생각해내다
встре́ча	대전, 경기
встреча́ть **НСВ** / встре́тить **СВ** + кого (4)	만나다
встреча́ться **НСВ** / встре́титься **СВ** + с кем (5)	만나다, 사귀다
вто́рник	화요일
вход	입구
входи́ть **НСВ** / войти́ **СВ** + куда(4) + откуда(2)	들어가다
вчера́	어제
выбира́ть **НСВ** / вы́брать **СВ**	고르다, 선택하다

вы́боры	선거
вы́вих	탈구
вызыва́ть НСВ / вы́звать СВ врача́ на́ дом	의사를 집으로 오게 하다
вызыва́ть НСВ / вы́звать СВ ско́рую	구급차를 부르다
выходи́ть НСВ / вы́йти СВ за́муж	시집가다
выключа́ть НСВ / вы́ключить СВ	끄다
выпрями́тель для воло́с 남	고데기
высо́кий	높은, 키가 큰
высоко́ 부	높이
вы́ставка	전시회
выступа́ть НСВ / вы́ступить СВ	출연하다, 연주하다, 나오다, 참여하다
вы́ход	출구
выходи́ть НСВ / вы́йти СВ + куда(4) + откуда(2)	나가다
выходно́й день	휴일
вью́щиеся во́лосы 복	반곱슬 머리

Г

газе́та	신문
газиро́вка	탄산수
га́зовая плита́	가스레인지
газо́н	잔디밭
галере́я	갤러리, 미술관
га́лстук	넥타이
гандбо́л	핸드볼
гара́ж	차고
гардеро́бная 명	드레스룸
где?	어디?
гекта́р (Га)	헥타르
гель для ду́ша 남	바디워시
геогра́ф	지리학자
географи́ческий	지리학의, 지리적인
геогра́фия	지리학
гео́лог	지질학자

геологи́ческий	지질학의
Герма́ния	독일
геро́й 남 / герои́ня 여	주인공
гимна́стика	체조
гинеко́лог	부인과 의사
гита́ра	기타
гла́вная роль 여	주역
глаз [복 глаза́]	눈
глу́пый	멍청한, 어리석은
говори́ть НСВ / сказа́ть СВ (по-ру́сски, по-коре́йски)	말하다(러시아어로, 한국어로)
говя́дина 단수만	소고기
год [복 лет]	해, 년, 살(나이)
голова́	머리
голосово́е сообще́ние	음성 메시지
голубо́й	하늘색의
гольф	골프
гора́	산
го́рло	목
горнолы́жный спорт	알파인 스키
го́род	도시
городско́й	도시의
городско́й тра́нспорт	시내 교통
го́рький	쓴
горя́чий	뜨거운
Господа́!	여러분!
Господи́н + 남성의 성씨!	____ 씨! (남성에게)
Госпожа́ + 여성의 성씨!	____ 씨! (여성에게)
гости́ная 명	거실
гости́ница	호텔
гость 남 / го́стья 여 [복 го́сти]	손님
госуда́рственный	국립의, 국가적, 국가의
госуда́рство	국가, 정부
гото́вить НСВ / пригото́вить СВ	요리하다
граждани́н 남 / гражда́нка 여	국민
грамм (г)	그램

грани́ца	경계, 국경
гре́чка	메밀
грипп	독감
гро́мко 부	큰소리로
грудь 여	가슴
гру́ппа	학교의 반, 조, 그룹
гру́стно 부	슬프게, 슬프다
гру́стный	슬픈
гру́ша	배
гря́зный	더러운
губа́	입술
гу́бка	스펀지
губна́я пома́да	립스틱
гуля́ть HCB / погуля́ть CB	놀다

Д

Дава́йте познако́мимся.	처음 뵙겠습니다
дава́ть HCB / дать CB + кому(3) + что(4)	주다
давле́ние	혈압
давно́	오래 전부터
далеко́ 부	멀리
дари́ть HCB / подари́ть CB	선물하다
да́та рожде́ния	출생 일자
два 남 중, две 여	2
два́дцать	20
двена́дцать	12
дверь	문
две́сти	200
дви́гаться	움직이다
двор	마당, (아파트 단지의) 놀이터
дворе́ц	궁
двою́родный	사촌의
двухко́мнатный	방 두 개의
двухэта́жный	이 층의
де́вочка	소녀

де́вушка	처녀
девяно́сто	90
девятна́дцать	19
де́вять	9
девятьсо́т	900
де́душка	할아버지
дека́брь	12월
дека́н (факульте́та)	학장
декорати́вная косме́тика	색조화장품
де́лать НСВ / сде́лать СВ	하다
де́лать НСВ / сде́лать СВ макия́ж	화장하다
де́лать НСВ / сде́лать СВ переса́дку	환승을 하다
де́ло	일
демокра́тия	민주주의
день 男	1일, 낮
День большо́го полнолу́ния	정월대보름
День весны́ и труда́	노동절
День дете́й	어린이날
День защи́тника оте́чества	조국 수호의 날
День конститу́ции	제헌절
День коре́йской пи́сьменности Хангы́ль	한글날
День наро́дного еди́нства	국민 통합의 날
день неде́ли 男	요일
День незави́симости Коре́и	광복절
День па́мяти (поги́бших во вре́мя вое́нной слу́жбы)	현충일
День первома́ртовского движе́ния	삼일절
День Побе́ды	전승기념일
День роди́телей	어버이날
День рожде́ния	생일
День рожде́ния Бу́дды	부처님 오신 날
День Росси́и	러시아의 날
День свято́го Валенти́на	밸런타인데이
День учи́теля	스승의날
де́ньги	돈
депута́т	(국회, 시의회) 의원

дере́вня	시골
де́рево	나무
дескто́п	데스크탑
де́тская **명**	어린이 방
де́тский	아이의, 어린이의
де́тство **단수만**	어린 시절
дёшево	저렴하게
джи́нсы **복수만**	청바지
дзюдо́	유도
дива́н	소파
дие́та	다이어트, 식이요법
диплома́т	외교관
дире́ктор	원장, 교장
дирижёр	지휘자
дли́нные во́лосы **복**	긴 머리
дли́нный	긴
днём **부**	낮에
до **전**	~전에, ~까지
До за́втра!	내일 봐요!(봬요!)
До свида́ния!	안녕히 가세요!(계세요!)
добавля́ть **НСВ** / доба́вить **СВ** в друзья́	추가하다, 친구 추가하다
До́брое у́тро!	안녕하세요! (아침인사)
до́брый	선한, 착한, 인정 있는
До́брый ве́чер!	안녕하세요! (저녁인사)
дово́лен, дово́льна, дово́льны **형단**	만족하다
доезжа́ть **НСВ** / дое́хать **СВ** + до чего(2)	도착하다
дождь **남**	비
докла́д	보고서, 발표문, 소논문
до́ктор	의사
докуме́нт	서류
до́лго **부**	오랫동안
до́лжен, должна́, должны́ + **инф**	~해야 한다
до́ллар (Америка́нский до́ллар)	1미국 달러
дом	집, 주택
до́ма **부**	집에
дома́шний	집의, 가정의, 애완(동물)

дома́шний телефо́н	집 전화
домо́й 🔵	집으로
домофо́н	인터폰
домохозя́йка	주부
доро́га	길, 도로
Дорого́й (-а́я, -и́е) + 이름	친애하는 _____
до́рого	비싸게
Дорого́й друг!	친애하는 친구!
Дороги́е друзья́!	친애하는 친구들!
дохо́д	수입, 소득, 수익
дочь (=до́чка) 🔵	딸
друг [🔵 друзья́]	친구
друго́й	다른
дру́жба	우정
дружи́ть + с кем(5) 🔵	~와 친구다, 친하다
Друзья́!	친구들! 여러분!
ду́мать НСВ / поду́мать СВ + о чём(6)	생각하다
духо́вка	오븐
дя́дя	삼촌, 이모부, 고모부

Е

е́вро	1유로
Евро́па	유럽
Еги́пет	이집트
еда́	음식
е́здить на велосипе́де 🔵	자전거를 타다
е́здить 🔵	(교통 수단을 이용해) 다니다
ель (ёлка)	전나무
есть	있다
есть НСВ / съесть СВ	먹다
е́хать 🔵 + куда(4) + откуда(2)	(교통 수단을 이용해) 가다
ещё 🔵	아직

Ж

жакéт	재킷
жаль	안타깝다, 아깝다, 유감스럽다
жáрить **НСВ** / пожáрить **СВ**	볶다, 튀기다
жáрко **부**	덥다
ждать **НСВ만**	기다리다
желáть **НСВ** / пожелáть **СВ** + чего(2) + кому(3)	바라다, 기원하다
жёлтый	노란
желýдок	위장
женá	아내
женáт **형단**	장가간, 기혼 남성
женúться **НСВ и СВ**	장가가다
жéнский	여성의
жéнщина	여자
жёсткий	질긴
живóтное	동물
жизнь **여**	인생
жилéт	조끼
жир [**복** жирý]	지방질
жúтель **남** / жúтельница **여**	주민
жить **НСВ만**	살다
журнáл	잡지
журналúст **남** / журналúстка **여**	기자

З

за **전** + чем(5)	~뒤에
заболевáние	발병, 질병
забывáть **НСВ** / забы́ть **СВ** + о чём(6)	잊다
завóд	공장
зáвтра **부**	내일
зáвтрак	아침식사
зáвтракать **НСВ** / позáвтракать **СВ**	아침식사를 하다
задавáть **НСВ** / задáть **СВ** (вопрос, задание)	(질문, 과제를) 주다
задáние	과제, 숙제, 임무

зада́ча	문제
зака́зывать **НСВ** / заказа́ть **СВ**	주문하다, 시키다
зака́нчивать **НСВ** / зако́нчить **СВ**	졸업하다, 끝내다, 마치다
зако́лка	머리핀
зако́н	법, 법률
закрыва́ть **НСВ** / закры́ть **СВ**	닫다
зал	홀, 체육관
замеча́тельный	훌륭한
замеча́ть **НСВ** / заме́тить **СВ**	알아채다, 의식하다
замо́к	자물쇠
за́мужем 부	시집간, 기혼 여성
занаве́ска	커튼
занима́ться **НСВ** / заня́ться **СВ** + чем(5)	하다, 일삼다, 종사하다
занима́ться **НСВ** / заня́ться **СВ** спо́ртом	운동하다
за́нят 형단	바쁘다
заня́тие	수업
заня́тия спо́ртом	운동하기
занято́й	바쁜
за́пад	서쪽
за́падный	서쪽의
запомина́ть **НСВ** / запо́мнить **СВ**	기억해 두다
зараба́тывать **НСВ** / зарабо́тать **СВ**	벌다
за́работок	벌이, 급여
заче́м?	왜? (어떤 목적으로?)
звать **НСВ** / позва́ть **СВ**	부르다
звони́ть **НСВ** / позвони́ть **СВ**	전화하다
звук	소리, 음성
зда́ние	건물
здесь 부	여기
здоро́в 형단	건강하다
здоро́вое пита́ние	건강식
здоро́вый	건강한
здоро́вый о́браз жи́зни (ЗОЖ)	건강한 생활 양식
здоро́вье	건강
Здра́вствуйте!	안녕하세요!
зелёный	초록색의

зе́лень 여 단수만	푸성귀, 녹색 채소
земля́	땅, 지구
зе́ркало	거울
зима́	겨울
зи́мний	겨울의
зимо́й 부	겨울에
злой	독한, 악의를 가진
знако́миться НСВ / познако́миться СВ + с кем(5)	인사하다, 알게 되다
знако́мый 명	지인
знать НСВ만	알다
зонт	우산
зоопа́рк	동물원
зуб	치아, 이
зубна́я па́ста	치약
зубна́я щётка	칫솔
зять 남	사위

И

игра́	경기, 게임
игра́ го	바둑
игра́ть НСВ / сыгра́ть СВ + во что(4)	~을 하다, 경기하다
игру́шка	장난감
идти́ НСВ / пойти́ СВ + куда(4) + отку́да(2)	걸어가다, 어울리다 / 진행되다, 상영되다
идти́ (дождь, снег идёт) НСВ만	(비가, 눈이) 오다
идти́ пешко́м НСВ만	걸어가다
йе́на (Япо́нская йе́на)	1엔, 일본 화폐 단위
из 전 + чего(2)	~로부터, ~에서
изве́стный	유명한
Извини́те, Вы не зна́ете…?	실례하지만 혹시 … 아세요?
Извини́те…	실례합니다, 죄송합니다…
измельчи́тель 남	분쇄기
изуча́ть НСВ / изучи́ть СВ	배우다
и́мя 중	이름

И́ндия	인도
индукцио́нная плита́	인덕션
инжене́р	기사, 기술자
иногда́ 부	때때로
иностра́нец 남 / иностра́нка 여	외국인
иностра́нный	외국의
иностра́нный язы́к	외국어
институ́т	단과 대학교
интере́с	관심
интере́сно 부	재미있게, 재미있다
интере́сный	재미있는
интересова́ться HCB만 + чем(5)	궁금하다
йо́га	요가
иску́сство	예술
испа́нец 남 / испа́нка 여 [복 испа́нцы]	스페인인
Испа́ния	스페인
испа́нский	스페인의, 스페인어
испа́нско-ру́сский / ру́сско-испа́нский	스페인↔러시아의
исто́рик	역사학자
истори́ческий	역사의, 역사적인
исто́рия	역사학
Ита́лия	이탈리아
ию́ль 남	7월
ию́нь 남	6월

К

К сожале́нию, …	안타깝게도…
кабачо́к	애호박
кабине́т	서재
кабине́т (в шко́ле)	(학교) 교실
ка́ждый	저마다의, 각각의
Как (Ва́ше) здоро́вье?	건강은 어떠세요?
Как Вы себя́ чу́вствуете?	건강은(몸 상태는) 어떠세요?
Как дела́?	어떻게 지내세요?
как?	어떻게?

какóй?	어떤?
калорúйность **여**	칼로리량
калóрия	칼로리
канúкулы **복수만**	방학
капюшóн	후드
карандáш	연필
карандáш для бровéй	브로우펜슬
кардигáн	카디건
кардиóлог	심장병 의사
кáриес	충치
кáрта	지도
картúна	그림, 액자
картóфель **남** **단수만**	감자
кáсса	매표소
кафé **불변**	카페, 경식당
кáшель **남**	기침
квадрáтный киломéтр (кв.км)	평방 킬로미터
квадрáтный метр (кв.м)	평방 미터
квартúра	아파트 (한 가구)
кёрлинг	컬링
килогрáмм (кг)	킬로그램
киломéтр (км)	킬로미터
кинó	영화, 영화관
кинотеáтр	영화관
киóск	가판대
кúслый	신
кисть **여** 또는 кисть рукú **여**	손
китáец **남** / китая́нка **여** [**복** китáйцы]	중국인
Китáй	중국
китáйский	중국의, 중국어의
китáйско-рýсский / рýсско-китáйский	중국↔러시아의
кладовáя **명**	창고
класс	학교의 학년, 반
классúческая мýзыка	클래식 음악
класть **НСВ** / положúть **СВ**	놓다, 넣다
клатч	클러치 백

клён	단풍
клуб	클럽
клубника	딸기
ключ	열쇠
книга	책, 도서
книжный	도서의
ковёр	카페트
когда?	언제?
код	암호
колбаса	칼바사 (소시지)
колготки **복수만**	팬티스타킹
колье	보석 목걸이
кольцо	반지
комедия	희극, 코미디
комната	방
комод	서랍장
композитор	작곡가
компьютер	컴퓨터
конверт	우편 봉투
кондиционер	1) 에어컨 2) 린스
конец	끝
конечно **부**	물론, 틀림없이
конный спорт	승마
конституция	헌법
конфета	사탕
концерт	연주회, 음악회, 콘서트
кончать **НСВ** / кончить **СВ**	끝내다, 마치다
кончаться **НСВ** / кончиться **СВ**	끝나다
конькобежный спорт	스피드 스케이팅
коньяк	코냑, 브랜디
копейка	1/100의 루블, 1코페이카 동화
корабль **남**	배, 선박
кореец **남** / кореянка **여** [**복** корейцы]	한국인
корейские праздники	한국 명절, 기념일
корейский	한국의, 한국어의
корейско-русский / русско-корейский	한국↔러시아의

Коре́я	한국
коридо́р	복도
кори́чневый	밤색의
коро́ль 남 / короле́ва 여	왕, 여왕(왕비)
коро́ткие во́лосы 복	짧은 머리
коро́ткий	짧은
косми́ческий	우주의
космона́вт	우주비행사
ко́смос	우주
костю́м	정장, 복장, 양복
ко́фе 남	커피
кофева́рка	커피메이커
кофе́йня	커피숍
кофемаши́на	커피머신
кофемо́лка	커피 그라인더, 커피 분쇄기
ко́фта	니트
кошелёк	지갑
ко́шка 또는 кот	고양이
краси́вый	예쁜, 아름다운
кра́ситься НСВ / накра́ситься СВ	화장하다
кра́сная икра́ 단수만	연어알
кра́сный	빨간
крем для глаз	아이크림
крем для лица́	페이스 크림
крем для рук	핸드크림
кре́сло	안락의자, 1인용 소파
крова́ть 여	침대
кроссо́вки [단 кроссо́вка]	운동화
кру́глый	둥근
ксе́рокс	복사기
кто?	누구?
куда́?	어디로?
кудря́вые во́лосы 복	곱슬 머리
куло́н	펜던트
культу́ра	문화
культу́рный	교양 있는

купа́ться **НСВ** / искупа́ться **СВ**	목욕하다, 씻다
кури́ть **НСВ만**	흡연하다
ку́рица	닭고기, 닭
курс	(대학의) 학년, 과정
ку́рсы **복수만**	학원, 강좌
ку́ртка	점퍼
ку́хня	부엌
кушо́н	쿠션 파운데이션

Л

ла́йкать **НСВ** / ла́йкнуть **СВ**	'좋아요'를 누르다
ла́мпа	전등, 스탠드
ланч	런치
ле́вый	좌측의
лёгкая атле́тика	육상
лёгкий	가벼운, 쉬운
легко́ **부**	쉽게, 쉽다
лёгкое [**복** лёгкие]	허파
лежа́ть **НСВ만**	눕다, (수평 상태로)놓여 있다
лека́рство	약
ле́кция	강의, 강좌
лес	숲
ле́стница	계단
лета́ть **НСВ만** + **куда**(4)	~로 날아가다
лете́ть **НСВ** / полете́ть **СВ**	날아가다
ле́тний	여름의
ле́то	여름
ле́том **부**	여름에
лимо́н	레몬
литерату́ра	문학
лифт	엘리베이터
лицо́ [**복** ли́ца]	얼굴
лоб [**복** лбы]	이마
ло́джия	로지아
лоды́жка	발목

ложи́ться **НСВ** / лечь **СВ** в больни́цу	입원하다
ло́жка	숟가락
лосо́сь 남	연어
лосьо́н	로션
Лу́нный Но́вый Год	설날(음력 설)
лу́чше [хоро́ший의 비교급]	더 좋게
лу́чший	더 좋은, 가장 좋은, 최고
лы́жи	스키
лы́жные го́нки	크로스컨트리 스키
люби́мый	사랑스러운, 가장 선호하는
люби́ть **НСВ** / полюби́ть **СВ**	사랑하다
любо́вь 여	사랑
лю́стра	샹들리에

M

магази́н	가게, 상점, 매장
май	5월
макаро́ны 복수만	마카로니
ма́ленький	작은
ма́ло	적게
ма́льчик	소년
ма́ма	엄마
мандари́н	귤
ма́рка	우표
март	3월
ма́ска	마스크, 팩
ма́ска для воло́с	헤어팩
ма́сленица	마슬레니차
ма́сло	버터, 기름
массажёр	마사지기
матема́тик	수학자
матема́тика	수학
математи́ческий	수학의, 수학적인
мать 여	어머니
маши́на	자동차

медици́на	의학
медици́нский	의학의
ме́дленно 부	천천히
медсестра́	간호사
междунаро́дный	국제의
Междунаро́дный же́нский день	세계 여성의 날
Ме́ксика	멕시코
Меня́ зову́т…	제 이름은 …
меня́ть НСВ / поменя́ть СВ	교환하다, 교체하다, 바꾸다
ме́ссенджер	메신저
ме́сто	장소, 자리, 좌석
ме́сяц	월, 달
метр (м)	미터 (단위)
метро́ 불변	지하철
мечта́	꿈
мечта́ть НСВ만 + о чём(6)	꿈꾸다
микроволно́вая печь (микроволно́вка)	전자레인지
ми́ксер	믹서기
мили́ция (поли́ция)	경찰
миллигра́мм (мг)	밀리그램
миллиме́тр (мм)	밀리미터
минта́й 남	명태
мину́та (мин)	분
Мину́точку!	잠시만요!
мир 단수만	세계, 평화
мла́дший	(나이가) 아래인, 나보다 어린
мно́го	많이
многокварти́рный (дом)	다가구 주택 (아파트 건물)
моби́льный телефо́н	휴대폰
мо́дный	유행하는
мо́жет быть	아마도
мо́жно + инф	할 수 있다, 해도 된다
молодёжный	청년의, 젊은이의
молодёжь 여	젊은 사람들
молоде́ц	잘했다!
молодо́й	젊은

молодо́й челове́к	청년, 젊은이
мо́лодость 여 단수만	청춘
молоко́ 단수만	우유
молочко́	클렌징 밀크
молочко́ для те́ла	바디밀크
мона́рхия	군주제, 군주국
мо́ре	바다
моро́женое 단수만	아이스크림
москви́ч 남 / москви́чка 여 [복 москвичи́]	모스크바인
моско́вский	모스크바의
моча́лка	때수건, 샤워타월
мочь НСВ / смочь СВ	할 수 있다
мо́ющее сре́дство	세제
Моя́ фами́лия…	제 성은 …
муж	남편
мужско́й	남성의
мужчи́на 남	남자
музе́й	박물관
му́зыка	음악
музыка́льная шко́ла	음악 학교
музыка́льный	음악적, 음악의
музыка́нт	음악가
мультфи́льм	만화 영화
мы́ло	비누
мыть НСВ / вы́мыть СВ	씻다, 씻기다
мы́ться НСВ / помы́ться СВ	씻다
мя́гкий	부드러운
мя́со 단수만	고기
мяч	공, 볼

Н

на 전 + чём(6)	~위에, ~에
на / в 전 + чём(2)	~에
на / в 전 + чём(4)	~(으)로

над 전 + чем(5)	~위에
надева́ть HCB / наде́ть CB	입다
наде́жда	희망
наде́яться HCB만 + на что(4)	희망하다, 바라다
на́до + инф	필요하다
наза́д 부	뒤로
называ́ться HCB만	불리다, 지칭되다
нале́во 부	좌측으로
напра́во 부	우측으로
наро́д	민족
наро́дная му́зыка	민속음악
наро́дный	민족적
на́сморк	코감기
насте́нные часы́ 복수만	벽시계
насто́льные часы́ 복수만	탁상 시계
насто́льный те́ннис	탁구
настоя́щий	현재의
нау́ка	과학, 학문
нау́чный	과학의, 과학적
находи́ться HCB만	있다, 위치하다
национа́льный	국립의, 국가적, 국가의
нача́ло	시작
нача́ло (ле́кции)	(강의) 시작
начина́ть HCB / нача́ть CB	시작하다
начина́ться HCB / нача́ться CB	시작되다
неве́стка	며느리
неда́вно 부	최근에, 얼마 전에
недалеко́ 부	멀지 않은 곳에
неде́ля	주
нельзя́ + инф	할 수 없다, 하면 안 된다
не́мец 남 / не́мка 여 [복 не́мцы]	독일인
неме́цкий	독일의, 독일어의
неме́цко-ру́сский / ру́сско-неме́цкий	독일↔러시아의
немно́го	조금
не́нависть 여	증오, 혐오
неприя́знь 여	원망, 불쾌

не́сколько	몇몇, 조금
несча́стье	불행
нет	아니다, 없다
нигде́	어디에서도
ни́зкий	낮은, 키가 작은
низкоуглево́дное пита́ние	저탄수화물 식사
никогда́ **부**	그 어느 때도, 결코
никуда́	아무데도
ничего́	좋지도 나쁘지도 않게
но́вость **여**	뉴스
но́вый	새로운
Но́вый год	새해
нога́	다리
но́готь **남** [**복** но́гти]	손/발톱
нож [**복** ножи́]	칼
ноздря́ [**복** но́здри]	콧구멍
но́мер	번호
Норве́гия	노르웨이
норма́льно **부**	정상적으로, 괜찮게
нос	코
носки́ [**단** носо́к]	양말
ноутбу́к	노트북
ночь **여**	밤
но́чью **부**	밤에
ноя́брь **남**	11월
нра́виться **НСВ** / понра́виться **СВ**	좋아하다, 마음에 들다
ну́жно + **инф**	필요하다

О

обе́д	점심식사
обе́дать **НСВ** / пообе́дать **СВ**	점심식사를 하다
обогрева́тель **남**	난방기
образова́ние	교육
обува́ться **НСВ** / обу́ться **СВ**	신다
о́бувь **여** **단수만**	신발

общежи́тие	기숙사
о́бщество	사회, 모임
объясня́ть **НСВ** / объясни́ть **СВ** + что(4), кому(3)	~에게 설명하다
обыкнове́нный	보통의, 평범한
обы́чно 🅱	보통, 일반적으로
обы́чный	일상적인, 일반적인, 보통의
обяза́тельно 🅱	꼭, 반드시
о́вощ [🅱 о́вощи]	야채, 채소
огро́мный	커다란
огуре́ц [🅱 огурцы́]	오이
одева́ть **НСВ** / оде́ть **СВ**	입히다
одева́ться **НСВ** / оде́ться **СВ**	옷을 입다
оде́жда	의복, 옷
оди́н 🅱, одна́ 🅵, одно́ 🅽	1) 1(숫자) 2) 하나의, 혼자
одина́ковый	똑같은
оди́ннадцать	11
одна́жды 🅱	어느 날, 언젠가, 한 번
одноко́мнатный	방 한 개의
одноэта́жный	일 층의
о́зеро	호수
ока́нчивать **НСВ** / око́нчить **СВ**	졸업하다, 마치다
окно́	창문
о́коло 🅿	곁에
октя́брь 🅱	10월
опа́здывать **НСВ** / опозда́ть **СВ** + куда(4)	늦다, 지연되다, 지각하다
о́пера	오페라
о́пытный	경험 있는, 능숙한
ОРВИ [оэрви́]	급성 호흡기 바이러스 감염
организо́вывать **НСВ** / организова́ть **СВ**	~을 조직하다
организо́вывать **НСВ** / организова́ть **СВ** пра́здник	행사를 준비하다
ОРЗ [оэрзэ́]	급성호흡기질환
осе́нний	가을의
о́сень	가을
о́сенью 🅱	가을에

осма́тривать **НСВ** / осмотре́ть **СВ**	둘러보다
остано́вка	정류장
осторо́жно 부	주의하여, 조심스럽게
о́стров	섬
о́стрый	매운
отве́т	답, 대답, 답장, 답변
отвеча́ть **НСВ** / отве́тить **СВ**	답하다
о́тдых	휴식
отдыха́ть **НСВ** / отдохну́ть **СВ**	쉬다
оте́ц	아버지
открыва́ть **НСВ** / откры́ть **СВ**	열다, 따다
откры́тка	엽서, 카드
отку́да?	어디로부터?
отли́чно 부	훌륭하게, 우수하다
о́тпуск	휴가
офтальмо́лог	안과 의사
оце́нивать **НСВ** / оцени́ть **СВ**	평가하다, 인정하다
О́чень жаль, но…	안타깝지만
О́чень прия́тно.	아주 반갑습니다.
О́чень ра́д(а).	아주 반갑습니다.
очисти́тель во́здуха 남	공기청정기
очки́ 복수만	안경
оши́бка	오류, 실수, 잘못

П

па́лец [복 па́льцы]	손/발가락
пальто́	코트
па́мятник	동상, 기념비
па́мятник архитекту́ры	건축 기념물
па́па 남	아빠
парк	공원
парла́мент	국회
па́ртия	정당
па́спорт	여권
Па́сха	부활절

певе́ц 남 / певи́ца 여	가수
педиа́тр (де́тский врач)	소아과 의사
пе́на для бритья́	면도용 무스
пе́нка для умыва́ния	클렌징폼
пенсионе́р 남 / пенсионе́рка 여	은퇴자, 연금 수급자
перево́дчик 남 / перево́дчица 여	통번역사
передава́ть НСВ / переда́ть СВ	전달하다
переда́ча	방송 프로그램
перело́м	골절
переры́в	쉬는 시간
перехо́д	횡단, 건널목
переходи́ть НСВ / перейти́ СВ + через что(4)	건너가다
пе́рец 단수만	후추
пе́рсик	복숭아
пе́сня	노래
петь НСВ / спеть СВ	부르다, 노래하다
пе́чень 여	간
пече́нье	쿠키, 과자
печь НСВ / запе́чь (испе́чь) СВ	굽다
пиани́но	피아노
пи́во 단수만	맥주
пиджа́к	재킷
пила́тес	필라테스
пиро́г, пирожо́к	파이
писа́тель 남 / писа́тельница 여	작가
писа́ть НСВ / написа́ть СВ	쓰다, 적다
письмо́	편지
пить НСВ / вы́пить СВ	마시다
пла́вание 단수만	수영
пла́вать НСВ만 + куда(4)	수영하다, 항행하다
план	도안, 도면, 약도, 계획표
плани́ровать НСВ / сплани́ровать СВ	계획하다
плато́к	스카프
пла́тье	원피스, 드레스
плащ	트렌치 코트

пле́ер	플레이어
племя́нник	조카
племя́нница	조카딸
плечо́	어깨
плоха́я пого́да	날씨가 나쁘다
пло́хо 🄑	나쁘게, 나쁘다
плохо́й	나쁜
пло́щадь	광장
плыть HCB / поплы́ть CB + куда(4) + откуда(2)	수영하다, 항해하다
по 🄒 + чему(3)	~따라
по-англи́йски	영어로
побежда́ть HCB / победи́ть CB	이기다
побыва́ть CB만	방문하다
по́весть 🄔	중편소설
повторя́ть HCB / повтори́ть CB	반복하다
пого́да	날씨
под 🄒 + чем(5)	~밑에
подво́дка	아이라이너
поджелу́дочная железа́	췌장
подоко́нник	창턱
подпи́сываться HCB / подписа́ться CB на кана́л	구독하다, 채널을 구독하다
подру́га	여자친구
подружи́ться CB만	사귀다, 친해지다
подсле́дники [🄕 подсле́дник]	덧신
подъе́зд	출입구, 문간, (아파트의) 한 입구를 통해 들어가는 가구 일체, 한 라인
по́езд	기차
пое́здка	여행
пое́хать CB만 + куда(4)	(타고) 출발하다, 가다
пожа́луйста	제발, 어서
пожило́й	고령의
по́здно 🄑	늦게

поздравля́ть **НСВ** / поздра́вить **СВ** + кого́(4) + с чем(5)	축하하다
Познако́мьтесь (пожа́луйста).	인사하세요.
Позови́те, пожа́луйста,…	바꿔 주세요, 불러 주세요
по-испа́нски	스페인어로
пойти́ **СВ만**	가다
Пока́!	안녕!
пока́зывать **НСВ** / показа́ть **СВ**	보여주다
по-кита́йски	중국어로
по-коре́йски	한국어로
покрыва́ло	침대 커버
покупа́ть **НСВ** / купи́ть **СВ**	사다, 구매하다
пол	바닥
поле́зно	건강에 좋다
поле́зный	유용한, 유익한, 몸에 좋은
поликли́ника	종합진료소
поли́тика	정치, 정책
полити́ческий	정치적, 정치의
полице́йский **명**	경찰관
по́лка	선반
по́лный	통통한
полови́на	절반
получа́ть **НСВ** / получи́ть **СВ** (профе́ссию, специа́льность)	직업 교육을 받다, 전공하다
специа́льность + **кого (2)**	전공, 직업
получа́ть **НСВ** / получи́ть **СВ** образова́ние	교육을 받다
получа́ть **НСВ** / получи́ть **СВ** стресс	스트레스를 받다
помидо́р	토마토
по́мнить **НСВ만**	기억하다
помога́ть **НСВ** / помо́чь **СВ**	돕다, 조력하다
по-мо́ему, по-тво́ему, по-ва́шему **부**	내 생각에는, 네 생각에는, 당신의 생각에는, 내 방식대로, 네 방식대로, 당신의 방식대로
понеде́льник	월요일
по-неме́цки	독일어로

Приложе́ние 부록 ◆ 429

понима́ть **НСВ** / поня́ть **СВ**	이해하다
поня́тно **부**	명료하게, 명료하다
популя́рный	인기 있는, 대중적인
портфе́ль **남**	서류가방
по-ру́сски	러시아어로
по́сле **전**	~후에, 그 후
посо́льство	대사관
пост	게시글
по́стить **НСВ** / запо́стить **СВ**	포스팅하다
поступа́ть **НСВ** / поступи́ть **СВ** + **куда(4)**	들어가다, 입학하다
посудомо́ечная маши́на	식기세척기
посыла́ть **НСВ** / посла́ть **СВ**	보내다
потоло́к	천장
пото́м **부**	다음에
по-францу́зски	프랑스어로
похо́жий	닮은
почему́?	왜? (어떤 이유로?)
по́чка [**복** по́чки]	신장
по́чта	우체국
поэ́т	시인
по-япо́нски	일본어로
пра́в, права́, пра́вы **형단**	옳다, 바르다, 맞다
прави́тельство	정부
пра́вый	우측의
пра́здник	명절, 기념일
президе́нт	대통령
прекра́сно **부**	아주 잘
прекра́сный	아름다운
премье́р-мини́стр	국무총리
преподава́тель **남** / преподава́тельница **여**	강사
преподава́ть **НСВ만**	가르치다
Приве́т!	안녕!
приглаша́ть **НСВ** / пригласи́ть **СВ**	초대하다
прие́зд	도착, 방문
прие́хать + **куда(4)** + **откуда(2)**	(타고) 오다
приме́р	예문

принима́ть НСВ / приня́ть СВ душ	샤워하다
припра́ва	조미료, 양념, 향신료
приро́да	자연
Приходи́те к нам в го́сти.	저희 집으로 놀러 오세요.
приходи́ть НСВ / прийти́ СВ + куда(4) + откуда(2)	오다, 도착하다
прихо́жая 명	현관
прия́тно 부	유쾌하게, 유쾌하다
Прия́тного аппети́та!	맛있게 드세요!
пробле́ма	문제, 과제
програ́мма	교육과정, 프로그램, 일정표
продаве́ц	판매원
продолжа́ть НСВ / продо́лжить СВ + инф	계속하다, 지속하다
продолжа́ться НСВ / продо́лжиться СВ	지속되다
проду́кты 복	식품
прое́ктор	빔 프로젝터
проси́ть НСВ / попроси́ть СВ	부탁하다
проспе́кт	대로
Прости́те…	실례합니다, 죄송합니다…
просту́да	감기
профе́ссия	직업
профе́ссор	교수
прохла́дно 부	쌀쌀하다
про́шлый	과거의
пры́гать НСВ / пры́гнуть СВ	뛰다, 뛰어가다
прыжки́ в во́ду	다이빙
прыжки́ с трампли́на	스키 점프
пря́мо 부	곧바로, 직진
прямы́е во́лосы 복	생머리
психо́лог	심리학자, 심리상담사
психоло́гия	심리학
пти́ца	새
пу́дра	파우더
пуло́вер	풀오버
путеше́ствовать НСВ만	여행하다
пухови́к	패딩

пылесо́с	진공청소기
пятико́мнатный	방 다섯 개의
пятна́дцать	15
пя́тница	금요일
пять	5
пятьдеся́т	50
пятьсо́т	500

Р

рабо́та	일, 작업
рабо́тать **НСВ만** + кем(5), где(6)	일하다
рабо́чий **명**	근로자, 노동자
Рад Вас ви́деть.	만나서 반갑습니다.
ра́д, ра́да, ра́ды **형단**	기쁘다, 반갑다
ра́дио **불변** **단수만**	라디오
ра́дость **여**	기쁨
раз	번, 회
разводи́ться **НСВ** / развести́сь **СВ**	이혼하다
разгова́ривать по телефо́ну **НСВ만**	통화하다
разгово́р	회화, 대화
ра́зный	서로 다른, 같지 않은
райо́н	지역
ра́но **부**	일찍부터, 일찍이
ра́ньше **부**	먼저, 이전에
располага́ться **НСВ** / расположи́ться **СВ**	자리를 잡다
расска́з	단편소설, 이야기
расска́зывать **НСВ** / рассказа́ть **СВ**	이야기하다
расстава́ться **НСВ** / расста́ться **СВ** + с кем (5)	헤어지다, 흩어지다
расти́ **НСВ** / вы́расти **СВ**	자라다
ребёнок [**복** де́ти]	아이
ре́дко **부**	드물게
режиссёр	감독
рези́нка для воло́с	머리끈

результа́т	결과
река́	강
реме́нь 남	벨트
ремонти́ровать HCB / отремонти́ровать CB	수리하다
ресни́ца	속눈썹
респу́блика	공화제, 공화국
рестора́н	레스토랑, 음식점
реша́ть HCB / реши́ть CB	결정하다, 해결하다
рис 단수만	쌀, 밥
рисова́ть HCB / нарисова́ть CB	그리다
ро́дина	고향, 모국
роди́тель 남 [복 роди́тели]	부모
родно́й	혈육의
ро́дственник	친척
рожда́ться HCB / роди́ться CB	태어나다
рожде́ние	출생
Рождество́	성탄절, 크리스마스
роль 여	역할
рома́н	소설
росси́йские пра́здники	러시아 명절, 러시아 기념일
росси́йский	러시아(국가)의
Росси́я	러시아
рот [복 рты]	입
руба́шка	셔츠
рубль (Росси́йский рубль)	1루블, 러시아 화폐 단위
рука́	손, 팔
румя́на 복수만	블러셔
ру́сский	러시아(민족)의
ру́сский 남 / ру́сская 여 [복 ру́сские]	러시아인
ру́чка	볼펜
ры́ба 단수만	생선, 물고기
рюкза́к	배낭, 책가방
ряд	좌석의 줄
ря́дом	곁에, 나란히

С

С днём рожде́ния!	생일 축하합니다!
С пра́здником!	명절을 축하합니다!
С удово́льствием	기꺼이
сад	정원
сади́ться **НСВ** / сесть **СВ** на дие́ту	다이어트를 하다
сади́ться **НСВ** / сесть **СВ** + **на что(4)**	~을 타다, ~에 앉다
сала́т	샐러드
сам	자신, 스스로
самолёт	비행기
санда́лии [**단** санда́лия]	샌들
са́нный спорт	루지
сантиме́тр (см)	센티미터
сапоги́ [**단** сапо́г]	부츠
са́хар **단수만**	설탕
са́хар в крови́	혈당
свёкор	시아버지
свекро́вь **여**	시어머니
све́тлые во́лосы **복**	금발
све́тлый	밝은
свини́на **단수만**	돼지고기
сви́тер	스웨터
свитшо́т	맨투맨
свобо́дное вре́мя	자유시간
свобо́дный	자유로운, 여분의
се́вер	북쪽
се́верный	북쪽의
сего́дня **부**	오늘
седы́е во́лосы **복**	백발
сейча́с **부**	지금
секрета́рь	비서
секу́нда	초
се́лфи **불변** **단수만**	셀카
семе́йный	가족의
семна́дцать	17
семь	7

се́мьдесят	70
семьсо́т	700
семья́	가족
сентя́брь 남	9월
се́рдце	심장
се́рый	회색의
се́рьги [단 серьга́]	귀걸이
серьёзный	신중한
сестра́	자매
сеу́льский	서울의
сза́ди 부	뒤에
сиде́ть НСВ만	앉다
силовы́е трениро́вки	근력 운동
си́льный	강한, 힘센
си́льный ве́тер, дождь	센 바람, 비
симпати́чный	매력적인
симпа́тия	호감
си́ний	파란
синхро́нное пла́вание	싱크로나이즈드 스위밍
сказа́ть [говори́ть의 СВ]	말하다
ска́зка	동화, 옛날 이야기
ска́терть 여	식탁보
скелето́н	스켈레톤
ско́лько	얼마
Ско́лько вре́мени?	몇 시에요?
ско́лько?	얼마?
ско́ро 부	신속히, 곧
скраб	스크럽
скри́пка	바이올린
ску́мбрия	고등어
ску́чно 부	재미없게, 재미없다, 심심하다, 지루하다
сла́бый	약한
сла́дкий	단
сле́ва 전	좌측에
следи́ть НСВ만 + за чем(5)	~을 관리하다

Приложение 부록 ◆ 435

следи́ть за здоро́вьем **НСВ만**	건강을 관리하다
сле́дующий	다음의
сли́ва	자두
слова́рь **남**	사전
сло́во	단어
слу́шать **НСВ** / послу́шать **СВ**	듣다
сме́лый	용감한
смерть **여**	죽음
смея́ться **НСВ만**	웃다
смотре́ть **НСВ** / посмотре́ть **СВ**	보다
смочь [мочь의 **СВ**]	가능하다, ~할 수 있다
смс	문자메시지
снача́ла **부**	처음에, 먼저
снег	눈
сни́керсы **복수만**	스니커즈
снима́ть **НСВ** / снять **СВ**	지우다
сноубо́рд	스노보드
соба́ка	개
собо́р	사원, 성당
сове́товать **НСВ** / посове́товать **СВ**	조언하다
совреме́нная му́зыка	현대음악
совреме́нный	현대적인, 현대의, 동시대의
согла́сен, согла́сна, согла́сны **형단**	찬성하다, 동의하다
создава́ть **НСВ** / созда́ть **СВ** кана́л	만들다, 채널을 만들다
сок	주스
со́лнце	해
соль **여** **단수만**	소금
сообща́ть **НСВ** / сообщи́ть **СВ**	알리다
сообще́ние	메시지
со́рок	40
сосе́д **남** / сосе́дка **여** [**복** сосе́ди]	이웃
сосна́	소나무
социа́льная сеть 또는 соцсе́ть	SNS, 소셜 네트워크 서비스
спаге́тти **복수만** **불변**	스파게티
спа́льня	침실
Спаси́бо!	감사합니다!

спать **НСВ만**	자다
специали́ст	전문가
специа́льность **여**	전공, 직업
спина́	등
споко́йно **부**	조용히, 평온하게, 조용하다, 평온하다
Споко́йной но́чи!	잘 자요!, 안녕히 주무세요!
споко́йный	고요한, 차분한
спорт	운동, 스포츠
спорти́вный	스포츠의, 체육의, 운동의
спорти́вный клуб	스포츠 클럽
спорти́вный костю́м	운동복
спортсме́н **남** / спортсме́нка **여**	운동선수
спра́ва **전**	우측에
справля́ть **НСВ** / спра́вить **СВ**	보내다
спра́шивать **НСВ** / спроси́ть **СВ**	물어보다
среда́	수요일
сре́дний во́зраст	중년
ссо́риться **НСВ** / поссо́риться **СВ**	다투다, 싸우다
стадио́н	경기장, 운동장
стака́н	유리컵
ста́нция	역, 정거장
старомо́дный	예스러운, 구식의
ста́рость **여**	노년
ста́рший	(나이가) 위인, 나보다 나이가 많은
ста́рый	늙은, 오래된, 낡은
станови́ться **НСВ** / стать **СВ** + кем(5)	되다
статья́	기사
стена́	벽
стира́льная маши́на	세탁기
стихи́ [**단** стих]	시
сто	100
сто́ить **НСВ만**	값을 가지다, 가치를 가지다
стол	식탁, 책상
столи́ца	수도

столо́вая 명	식당, 다이닝 룸
стомато́лог	치과 의사
стоя́ть HCB만	서다, (수직 상태로) 놓여 있다, 정지해 있다
страна́	나라
страни́ца	페이지, 쪽
стрельба́	사격
стрельба́ из лу́ка	양궁
стресс	스트레스
стри́чься HCB / постри́чься CB	머리를 깎다
стро́йный	날씬한
строи́тель 남	건설업자, 시공기사
стро́ить HCB / постро́ить CB	짓다, 건축하다, 건설하다
студе́нт 남 / студе́нтка 여	대학생
студе́нческий биле́т	학생증
стул	의자
ступня́	발
суббо́та	토요일
сувени́р	기념품
су́мка	가방
суп	수프, 국
су́тки 복수만	하루
сфе́ра де́ятельности	업계
счастли́вый	행복한
сча́стье	행복
счита́ть HCB / посчита́ть CB	계산하다, 세다
США(Соединённые Шта́ты Аме́рики)	미국
сы́воротка	세럼
сын	아들
сыр	치즈
сэ́ндвич	샌드위치
сюда́ 부	여기로, 이리로

Т
такси́ 중 불변	택시

тала́нт	재능
тала́нтливый	재능 있는
та́лия	허리
там 부	거기
та́нец	무용, 춤
танцева́ть НСВ만	춤추다
та́почки [단 та́почка]	실내화, 거실화
таре́лка	접시
твёрдый	딱딱한
теа́тр	극장
текст	텍스트
телеви́зор	TV, 텔레비전
телегра́мма	전보
телефо́н	전화, 전화기
тёмные во́лосы 복	어두운 머리
тёмный	어두운
температу́ра	체온, 열
те́ни для век 복수만	아이새도우
те́ннис	테니스
тепе́рь 부	이제는, 지금
тепло́ 부	따뜻하다
тёплый	따뜻한
терапе́вт	내과 의사
терра́са	테라스
тесть 남	장인
тетра́дь 여	공책, 노트
тётя	고모, 이모, 숙모
тёща	장모
ти́хо 부	조용히
това́рищ	친구, 벗, 동료
тогда́ 부	그때, 그 당시에
толсто́вка	후드티
то́лстый	뚱뚱한
тона́льный крем	파운데이션
то́ник	토너
то́нна (т)	톤

торт	케이크
трава́	풀
тра́вма	외상
трамва́й	전차
треска́	대구
трёхко́мнатный	방 세 개의
трёхэта́жный	삼 층의
три	3
три́дцать	30
трина́дцать	13
три́ста	300
тролле́йбус	트롤리버스, 무궤도전차
труд, рабо́та (нау́чная)	논저, 논문
тру́дно 부	어렵게, 어렵다
тру́дный	어려운, 힘든
туале́т	화장실
туда́ 부	거기로
туне́ц [복생 тунца́]	참치
тури́ст 남 / тури́стка 여	관광객
тут 부	바로 여기
ту́фли [복생 туфель, 단 туфля]	구두
ту́фли на каблуке́	하이힐
тушь для ресни́ц 여	마스카라
тхэквондо́	태권도
ты́ква	호박
ты́сяча	1000
тяжёлая атле́тика	역도
тяжёлый	무거운

У

у 전 + чего(2)	곁에
уважа́ть НСВ만	존경하다
уви́деть [ви́деть의 СВ]	보이다
увлажни́тель во́здуха 남	가습기
углево́ды 복수만	탄수화물

удиви́тельный	놀라운, 신기한
удо́бный	편리한
удово́льствие	쾌감, 만족
уезжа́ть **НСВ** / уе́хать **СВ** + куда(4) + откуда(2)	(타고) 가다, 떠나다
уже́ **부**	벌써
у́жин	저녁식사
у́жинать **НСВ** / поу́жинать **СВ**	저녁식사를 하다
у́зкий	좁은
украше́ние	액세서리
у́лица	거리
улыба́ться **НСВ** / улыбну́ться **СВ**	미소짓다
умира́ть **НСВ** / умере́ть **СВ**	죽다
у́мный	똑똑한
умыва́ться **НСВ** / умы́ться **СВ**	세수하다
универма́г	백화점
университе́т	(종합)대학교
упражне́ние	연습문제
уро́к	수업
уро́лог	비뇨기과 의사
успева́ть **НСВ** / успе́ть **СВ**	시간에 늦지 않게 되다
устра́ивать **НСВ** / устро́ить **СВ** вечери́нку	파티를 하다
у́тро	아침
у́тром	아침에
утю́г	다리미
у́хо [**복** у́ши]	귀
уходи́ть **НСВ** / уйти́ **СВ** + куда(4) + откуда(2)	가다, 떠나다
ухо́довая косме́тика	스킨케어, 기초 화장품
уча́ствовать **НСВ만** + в чём (6)	~에 참가하다, 참여하다
уче́бник	교재, 교과서
учени́к **남** / учени́ца **여**	(학교의, 학원의) 학생
учёный **명**	학자
учи́тель **남** / учи́тельница **여**	교사
учи́ть **НСВ** / вы́учить **СВ**	외우다
учи́ться **НСВ만** + где(6)	~에서 공부하다

Приложе́ние 부록 ◆ 441

учи́ться **НСВ** / научи́ться **СВ + инф**	배우다
ую́тный	아늑하다

Ф

фа́брика	공장
факс	팩스
факульте́т	학부, 학과
фами́лия	성씨
февра́ль 🚹	2월
фен	헤어드라이기
фехтова́ние	펜싱
фигу́рное ката́ние	피겨 스케이팅
фи́зик	물리학자
фи́зика	물리학
физи́ческий	물리학의
фило́лог	어문학자
филологи́ческий	어문학의
филоло́гия	어문학
филосо́ф	철학자
филосо́фия	철학
филосо́фский	철학의
фильм	영화
Финля́ндия	핀란드
фи́рма	회사
фи́тнес	피트니스
флюс	치조염
фолло́вер	팔로워
фонта́н	분수
фо́рточка	환기창
фо́то 불변 단수만	사진
фотоаппара́т 또는 ка́мера	사진기, 카메라
фотографи́ровать **НСВ** / сфотографи́ровать **СВ**	사진을 찍다, 촬영하다
фотогра́фия	사진
фра́за	구절, 문장

Фра́нция	프랑스
францу́з 남 / францу́женка 여 [복 францу́зы]	프랑스인
францу́зский	프랑스의, 프랑스어의
францу́зско-ру́сский / ру́сско-францу́зский	프랑스↔러시아의
фру́кт	과일
фунт (Брита́нский фунт)	1파운드, 영국 화폐 단위
футбо́л	축구
футболи́ст	축구 선수
футбо́лка	티셔츠

X

хи́мик	화학자
хими́ческий	화학의
хи́мия	화학
хиру́рг	외과 의사
хлеб	빵
ходи́ть в го́ры	등산하다
ходи́ть НСВ만	다니다
ходьба́ 단수만	걷기
хозя́ин 남 / хозя́йка 여 [복 хозя́ева]	주인
хокке́й	하키
хокке́й на траве́	필드하키
хоккеи́ст	하키 선수
холоди́льник	냉장고
хо́лодно 부	춥다
холо́дный	차가운
хор	합창
хоро́шая пого́да	날씨가 좋다
хоро́ший	좋은
хорошо́ 부	좋다, 좋게, 잘
хоте́ть НСВ만	원하다
худо́жник	화가
ху́же [плохо́й의 비교급]	더 나쁘게

Ц

царь 남 / царица 여	황제, 황후
цветной	유색의, 컬러의
цветок [복 цветы]	꽃
цена	가격
ценить НСВ / оценить СВ	아끼다, 높이 평가하다
ценить НСВ만	귀중히 여기다, 높이 평가하다
центр	시내
центральный	시내의
цепочка	목걸이, 체인
цирк	서커스
цифра	숫자

Ч

чай 남	차
чайник	주전자
час	시간, 시
часто 부	자주
часть 여	일부
часы 복수만	시계
чашка	컵
чей?	누구의?
человек [복 люди]	사람
чемпион	챔피언
чёрная икра 단수만	캐비어
черника	블루베리
чёрный	검은
чёрный хлеб	흑빵, 호밀빵
честный	정직한, 성실한
четверг	목요일
четыре	4
четыреста	400
четырёхкомнатный	방 네 개의
четырнадцать	14
число	수, 숫자, 일자

чи́стить **НСВ** / почи́стить **СВ**	닦다
чи́стый	깨끗한
чита́тель 🔵	독자
чита́ть **НСВ** / прочита́ть **СВ**	읽다
чте́ние	독서
что?	무엇?
чу́вствовать **НСВ** / почу́вствовать **СВ** себя́ пло́хо	몸이 좋지 않다
чу́вствовать **НСВ** / почу́вствовать **СВ** себя́ хорошо́	몸이 좋다
чулки́ [🔵 чуло́к]	스타킹
чуть-чуть	조금, 약간
Чхусо́к	추석

Ш

шампу́нь 🔵	샴푸
ша́пка	모자
шарф	목도리, 스카프
шахмати́ст	체스 기사
ша́хматы	체스
Швейца́рия	스위스
Шве́ция	스웨덴
шестна́дцать	16
шесть	6
шестьдеся́т	60
шестьсо́т	600
ше́я	목
широ́кий	넓은
шкаф	옷장, 책장
шко́ла	(초,중,고등)학교
шко́льник 🔵 / шко́льница 🔵	(학교의) 학생
шлёпанцы [🔵 шлёпанец]	슬리퍼
шокола́д 단수만	초콜릿
шорт-трек	쇼트트랙
шо́рты 복수만	반바지

шу́ба	모피 코트
шути́ть **НСВ** / пошути́ть **СВ**	농담하다
шу́тка	농담

Щ

щека́ [복 щёки]	뺨
щётка	솔, 브러쉬
щи 복수만	양배추 수프

Э

экза́мен	시험
эконо́мика	경제
экономи́ст	경제학자
экономи́ческий	경제의, 경제적
экску́рсия	견학
экскурсово́д	관광안내사, 가이드
элега́нтный	우아한
электри́ческий ча́йник	전기 포트
электроодея́ло	전기장판
энерги́чный	정력적인, 활동적인
эссе́нция	에센스
эта́ж	층
Эфио́пия	에티오피아

Ю

юа́нь (Кита́йский юа́нь)	1위안, 중국 화폐 단위
ю́бка	치마
юг	남쪽
ю́жный	남쪽의
ю́мор 단수만	유머
ю́ность 여 단수만	청소년기
ю́ноша 남	청년
юриди́ческий	법적, 법률적

Я

я́блоко	사과
я́года	딸기류, 베리류
я́годица	엉덩이
язы́к	언어
яйцо́ [복 я́йца]	계란
янва́рь 남	1월
япо́нец 남 / япо́нка 여 [복 япо́нцы]	일본인
Япо́ния	일본
япо́нский	일본의, 일본어의
япо́нско-ру́сский / ру́сско-япо́нский	일본↔러시아의
я́ркий	화려한

러시아 교육문화센터
뿌쉬낀하우스

교육센터 / 문화센터 / 출판센터
Tel. 02)2237-9387 Fax. 02)2238-9388
www.pushkinhouse.co.kr